独立自主

百年奋斗的基本原则

党的百年奋斗历史经验丛书

2022年主题出版重点出版物

总主编 辛向阳

梁孝 著

山东城市出版传媒集团·济南出版社

图书在版编目(CIP)数据

独立自主:百年奋斗的基本原则/梁孝著. —
济南:济南出版社,2022.12
(党的百年奋斗历史经验丛书/辛向阳总主编)
ISBN 978 - 7 - 5488 - 5058 - 8

Ⅰ.①独… Ⅱ.①梁… Ⅲ.①中国共产党—党的建设
—研究 Ⅳ.①D26

中国版本图书馆 CIP 数据核字(2022)第 232223 号

独立自主:百年奋斗的基本原则
DULI ZIZHU:BAINIAN FENDOU DE JIBEN YUANZE

出 版 人	田俊林	
责任编辑	杨晓彤	
封面设计	胡大伟	
出版发行	济南出版社	
地 址	山东省济南市二环南路1号(250002)	
印 刷	山东省东营市新华印刷厂	
版 次	2022 年 12 月第 1 版	
印 次	2023 年 5 月第 1 次印刷	
成品尺寸	170 mm×240 mm 16 开	
印 张	11	
字 数	127 千	
定 价	59.00 元	

(济南版图书,如有印装错误,请与出版社联系调换。联系电话:0531 - 86131736)

总　序

辛向阳

　　从 1921 年成立到现在,中国共产党一路走来,筚路蓝缕,披荆斩棘,栉风沐雨,不断从胜利走向胜利,从一个辉煌走向另一个辉煌,已经走过了一百多年的历程。正如习近平总书记在庆祝中国共产党成立100 周年大会上的讲话中所指出:"一百年来,中国共产党团结带领中国人民,以'为有牺牲多壮志,敢教日月换新天'的大无畏气概,书写了中华民族几千年历史上最恢宏的史诗。"一百多年前,党成立时只有 50 多名党员。今天,党已经成为拥有近一亿名党员、领导着 14 亿多人口大国、具有重大全球影响力的世界第一大执政党。一百多年前,中华民族呈现在世界面前的是一派衰败凋零的景象。今天,中华民族向世界展现的是一派欣欣向荣、朝气蓬勃的气象,正以不可阻挡的步伐迈向伟大复兴。这一百多年,有英勇顽强的奋斗,有艰难曲折的探索,有波澜壮阔的历程,也有动人心魄的故事,党历经淬炼,成就斐然。党自成立以来,始终把"为中国人民谋幸福、为中华民族谋复兴"作为自己的初心使命,以"为人类谋进步、为世界谋大同"彰显自己的天下情怀,始终坚持共产主义理想和社会主义信念,团结带领全国各族人民为争取民族独立、人民解放和实现国家富强、人民幸福以及强国建设、民族复兴而不懈奋斗，领导党和国家事业取得了历史性成就、实现了历史性变革、积累了历史性经验。

总结党的奋斗历程中的历史经验，既是党的优良传统，也是党的独特优势。过去一百多年，中国共产党向人民、向历史交出了一份优异的答卷。现在，中国共产党团结带领中国人民又踏上了实现第二个百年奋斗目标新的赶考之路，这就更加需要我们深刻总结党长期奋斗的历史经验。我们党历来高度重视总结历史经验。早在延安时期，毛泽东同志强调："如果不把党的历史搞清楚，不把党在历史上所走的路搞清楚，便不能把事情办得更好。"进入改革开放和社会主义现代化建设新时期，邓小平同志指出："历史上成功的经验是宝贵财富，错误的经验、失败的经验也是宝贵财富。这样来制定方针政策，就能统一全党思想，达到新的团结。这样的基础是最可靠的。"中国特色社会主义进入新时代，习近平总书记强调指出："历史是最好的教科书"，"历史是一面镜子"，"对我们共产党人来说，中国革命历史是最好的营养剂。多重温我们党领导人民进行革命的伟大历史，心中就会增加很多正能量"。习近平总书记还强调："中国历史是中国人民、中华民族坚持不懈的创业史和发展史。其中既有升平之世社会发展进步的丰富经验，也有衰乱之世的深刻教训以及由乱到治的经验智慧；既有当事者对时势的分析陈述，也有后人对前人得失的评论总结。可以说，在中国的史籍书林之中，蕴涵着十分丰富的治国理政的历史经验"，"我们学习历史，要结合我们正在干的事业和正在做的事情，善于借鉴历史上治理国家和社会的各种有益经验"。

在党的一百多年历史上，1945 年 4 月党的六届七中全会通过《关于若干历史问题的决议》，1981 年 6 月党的十一届六中全会通过《关于建国以来党的若干历史问题的决议》，2021 年 11 月党的十九届六中全会通过《中共中央关于党的百年奋斗重大成就和历史经验的决议》。这三个历史决议虽然诞生的历史背景、形成的现实条件和阐述的具体内容有所不同，但都以实事求是的原则总结了党的重大历史事件和重要经验教训，在重大历史关头统一了全党思想和行动，对推进党和人民事业发挥了重要引领作用。这三个历史决议贯通历史、现实和未来，深刻阐述了党团结带领人民争取民族独立、人民解放和实现国家富强、人民幸福以及开展强国建设、民族复兴的光辉历程，系统总结了党领导人民进行革命、建设、改革的历史经验，科学揭示了一百多年来中国共产党人对共产党执政规律、社会主义建设规律和人类社会发展规律的深刻认识。深入研究第三个历史决议，有助于我们牢牢掌握党和人民事业发展的历史主动，以党的重大成就和历史经验鼓舞斗志、凝聚力量、踔厉奋发、勇毅前行，以咬定青山不放松的执着、以一往无前的奋斗姿态接续夺取全面建设社会主义现代化强国的新胜利。

在党领导中国人民胜利实现第一个百年奋斗目标全面建成小康社会，踏上实现第二个百年奋斗目标新征程的重大历史关头，全面总结党的百年奋斗重大成就和历史经验，对推动全党进一步统一思想、统一意志、统一行动，团结带领全国各族人民夺取新时代中国特色社会主义新的伟大胜利，具有重大现实意义和深远历史意义。党的十九届六中全会通过的《中共中央关于党的百年奋斗重大成就和历史经验的决议》，是在建党百年历史条件下开启全面建设社会主义现代化国家新征程、在新时代坚持和发展中国特色社会主义的现实需要；是增强政治意识、大局意识、核心意识、看齐意识，坚定道路自信、理论自信、制度自信、文化自信，做到坚决维护习近平同志党中央的核心、全党的核心地位，坚决维护党中央权威和集中统一领导,确保全党步调一致向前进的政治需要;是推进党的自我革命、提高全党斗争本领和应对风险挑战能力、永葆党的生机活力、团结带领全国各族人民以中国式现代化全面推进中华民族伟大复兴而奋斗的时代需要。

回首党的一百多年的历程,正是在党的坚强领导下,中华民族才迎来了从站起来、富起来到强起来的伟大历史飞跃。党的十九届六中全会通过的《中共中央关于党的百年奋斗重大成就和历史经验的决议》,概括出来的具有根本性和长远性意义的十大历史经验,即坚持党的领导、坚持人民至上、坚持理论创新、坚持独立自主、坚持中国道路、坚持胸怀天下、坚持开拓创新、坚持敢于斗争、坚持统一战线、坚持自我革命,则充分反映了习近平总书记在党的二十大报告中所指出的:"实践告诉我们,中国共产党为什么能,中国特色社会主义为什么好,归根到底是马克思主义行,是中国化时代化的马克思主义行。"中国共产党历经一百多年,恰似风华正茂,仍然具有旺盛的生命力。世界充满好奇,时代充满追问。答案只有一个——坚定不移地坚持中国共产党的坚强领导。"党的百年奋斗历史经验丛书"正是立足于此,从基本史实、基本事实出发,全面阐释党的百年奋斗的十大历史经验,从政治、理论和思想等方面全面做出了回答。

加强对党的百年历史经验的研究,就是要深入研究党领导人民进行革命、建设、改革的一百多年的历史进程,全面总结党从胜利走向胜利的光辉历程,为国家、民族和人民建立的不朽功勋;深入研究党坚持把马克思主义基本原理同中国具体实际相结合、同中华优秀传统文化相结合,不断推进马克思主义中国化的一百多年的历史进程,全面深化对新时代党的创新理论的理解和运用;深入研究党不断增强党的团结、维护党中央权威和集中统一领导的一百多年的历史进程,深刻领悟加强党的政治建设这个马克思主义政党的鲜明特征和政治优势;深入研究党为"中国人民谋幸福、为中华民族谋复兴、为人类谋进步、为世界谋大同"的一百多年的历史进程,深刻认识党同人民生死相依、休戚与共的血肉联系,依靠人民创造历史伟业、创造历史伟业为了人民的阶级立场和推动世界社会主义运动发展、胸怀天下造福全人类的世界情怀;深入研究党加强自身建设、推进自我革命的一百多年历程,增强全面从严治党永远在路上的坚定和执着,确保党在新时代坚持和发展中国特色社会主义的历史进程中始终成为坚强领导核心;深入研究历史发展规律和大势,始终掌握新时代新征程党和国家事业发展的历史主动,增强锚定既定奋斗目标、意气风发走向未来的勇气和力量。

深入研究党的百年奋斗历程中形成的十大历史经验,要坚持科学的研究方法和原则要求。我们要坚持辩证唯物主义和历史唯物主义的方法论,用具体历史的、客观全面的、联系发展的观点来看待党的历史。要坚持正确党史观、树立大历史观,准确把握党的历史发展的主题主线、主流本质,正确对待党在前进道路上经历的失误和曲折,从成功中吸取经验,从失误中吸取教训,不断开辟走向胜利的新道路。要旗帜鲜明反对历史虚无主义,加强思想引导和理论辨析,澄清对党史上一些重大历史问题的模糊认识和片面理解,更好正本清源。尤其是,要坚持正确党史观和大历史观,立足于中华民族一百万年的人类史、一万年的文化史、五千多年的文明史,立足于五百余年的社会主义发展史、一百多年的中国共产党史、七十余年的中华人民共和国史、四十多年的改革开放史,从中华民族伟大复兴战略全局和世界百年未有之大变局出发,全面而准确地认清和把握新时代中国特色社会主义取得的历史性成就、发生的历史性变革。通过生动、深入、具体的纵横比较，把事实讲清楚，把道理讲明白，把理论讲透彻。

党的十九届六中全会通过的《中共中央关于党的百年奋斗重大成就和历史经验的决议》所总结的十条历史经验，是我们党百年奋斗中用鲜血和汗水凝练出来的理论结晶，既不是从哪本经典教科书上抄来的，也不是从哪个国家照搬来的，更不是在头脑中主观臆想出来的，而是系统完整、相互贯通的有机整体，揭示了党和人民事业不断成功的根本保证，揭示了党始终立于不败之地的力量源泉，揭示了党始终掌握历史主动的根本原因，揭示了党永葆先进性和纯洁性、始终走在时代前列的根本途径。这一历史决议深刻揭示了过去我们为什么能够成功、未来我们怎样才能继续成功，深刻阐述了中国共产党为什么能、中国特色社会主义为什么好、马克思主义以及中国化时代化的马克思主义为什么行，并进一步深刻回答了新时代坚持和发展什么样的中国特色社会主义、怎样坚持和发展中国特色社会主义，建设什么样的社会主义现代化强国、怎样建设社会主义现代化强国，建设什么样的长期执政的马克思主义政党、怎样建设长期执政的马克思主义政党等重大时代课题，是一篇闪耀着马克思主义真理光辉的纲领性文献，是新时代中国共产党人牢记初心使命、坚持和发展中国特色社会主义的政治宣言，是党领导广大人民以史为鉴、开创未来，全面建设社会主义现代化国家、全面推进中华民族伟大复兴的行动指南。

通过该丛书，我们可以清晰地看清楚过去我们党为什么能够成功、今天我们党如何成功，同时弄明白未来我们党怎样才能够继续成功，从而更加坚定、更加自觉地牢记初心、不忘使命，以更加宏大的气魄诠释胸怀天下。同时，在新时代更好坚持和发展中国特色社会主义，要不断坚持唯物史观和大历史观,以更加昂扬的姿态奋进新时代,逐梦新征程,踔厉奋发、勇毅前行、团结奋斗,全面建设社会主义现代化强国、全面推进中华民族伟大复兴。

全面建设社会主义现代化强国、全面推进中华民族伟大复兴,已进入了不可逆转的历史进程,我们比历史上任何时期都更接近、更有信心和能力实现这个目标。作为哲学社会科学工作者,我们要按照立足中国、借鉴国外,挖掘历史、把握当代,关怀人类、面向未来的思路,强化基础研究前瞻性、战略性、系统性布局,不断推进知识创新、理论创新、方法创新,以原创性、标识性的概念、话语、范畴、范式等深刻阐述党的百年奋斗历史经验生成的内在逻辑、内在机理。加快构建中国特色哲学社会科学学科体系、学术体系、话语体系,坚持用马克思主义及其中国化时代化的最新成果——习近平新时代中国特色社会主义思想观察时代、解读时代、引领时代,用鲜活丰富的当代中国实践来推动马克思主义发展,用宽广视野吸收人类创造的一切优秀文明成果,坚持在改革中守正出新、不断完善自己,在开放中博采众长、不断超越自己,不断深化对共产党执政规律、社会主义建设规律、人类社会发展规律的新认识,不断开辟马克思主义中国化时代化新境界!

目　录

第一章

独立自主原则的历史渊源

　　党的二十大报告指出："党的百年奋斗成功道路是党领导人民独立自主探索开辟出来的，马克思主义的中国篇章是中国共产党人依靠自我力量实践出来的，贯穿其中的一个基本点就是中国的问题必须从中国基本国情出发，由中国人自己来解答。"独立自主原则是中国共产党人在百年奋斗中总结出来的重要历史经验。在大革命时期和土地革命战争时期，中国共产党由于经验不足，没能做到独立自主，付出了惨重代价。抗日战争时期和解放战争时期，中国共产党开始真正独立自主地制定革命的路线、方针和政策，探索中国革命道路，取得了中国革命的胜利。建设时期，中国共产党坚持独立自主，维护国家主权和民族独立，探索符合中国国情的社会主义道路，自力更生、艰苦奋斗，建立了完整的工业体系和完整的国民经济体系。改革时期，中国共产党坚持独立自主和平外交政策，坚持中国特色社会主义道路，坚持自力更生为主、争取外援为辅的原则，取得了伟大的历史成就。

第一节　革命时期独立自主原则的形成

在大革命时期和土地革命时期，中国共产党处于幼年期，经验不足，套用苏联的革命理论和革命经验，盲从于共产国际的指挥，使革命遭受惨重损失。抗日战争时期，中国共产党坚持把马克思主义与中国革命实践相结合，探索中国革命道路，坚持独立自主的抗日民族统一战线，独立自主，自力更生，最终取得了中国革命的胜利。

一、没有调查，就没有发言权

1956 年 9 月，米高扬率领苏共代表团参加中共八大。会议结束前几天，午餐后，毛泽东和米高扬在餐桌边谈话，其间谈到中共党史中的一些问题。在谈到"左倾冒险主义"和"右倾机会主义"的错误给中国共产党带来的危害时，俄文翻译马列忽然问另一位俄文翻译师哲，"盲动主义"怎么翻译。师哲作了简要回答。就在这时，毛泽东突然回头，让师哲继续翻译。师哲感觉到"谈话气氛有点异乎寻常，而且从主席的神情可以看出，他似乎有不寻常的话要谈"①。毛泽东带着不满的口气对米高扬说："对当年共产国际和苏共的做法我们是有一些意见的，过去我们不便讲，现在就要开始讲了，甚至还要骂人

---

① 师哲口述、李海文著：《在历史巨人身边：师哲回忆录》，九州出版社 2015 年版，第 435 页。

了。我们的嘴巴，你们是封不住的。"① 在这之后，毛泽东讲述了共产国际，实际上是斯大林在中国革命中所犯的错误，以及革命阵营中党和党的关系问题。毛泽东在那样的场合说这样的话，可见共产国际给中国革命带来的损失之巨大，给中国共产党人带来的伤痛之巨大。

毛泽东所谈的问题，就是中国革命中的独立自主问题。

在中国革命的历史进程中，中国共产党人逐渐认识到，中国革命必须走中国道路，必须立足于自己的力量，必须独立自主。

1921 年 7 月，中国共产党成立。在共产国际的帮助下，中国共产党提出了反帝反封建的革命纲领，发动工人运动，促成第一次国共合作，进行了"打倒列强除军阀"的第一次大革命。但是，中国共产党刚成立，思想上不成熟，力量较弱，没有革命经验，在实践中犯了不少严重错误，其中一个最惨痛的教训就是独立自主问题。中国共产党作为共产国际的一个支部，完全服从了共产国际的指挥。作为无产阶级政党，中国共产党放弃了对革命的领导权，对国民党中以蒋介石为首的反动势力不断妥协退让。在革命实践中，中国共产党在军事上完全依靠国民党，自己更多的是做工运、农运和军队中的政治鼓动工作，忽视了发展自己的武装力量。当蒋介石发动"四一二"反革命政变时，中国革命遭受巨大损失。

大革命失败后，中国共产党人认识到"枪杆子里面出政权"，开始武装斗争，探索中国革命道路。秋收起义失败后，毛泽东带领剩余部队来到井冈山，根据中国实际，在农村创立根据地，建立政权，发展革命武装，积蓄力量——以农村包围城市的力量。从 1928 年到

---

① 师哲口述、李海文著：《在历史巨人身边：师哲回忆录》，九州出版社 2015 年版，第 435 页。

1930 年，毛泽东先后撰写了《中国的红色政权为什么能够存在?》
《井冈山的斗争》《星星之火，可以燎原》等文章。在这些文章中，
毛泽东从中国实际出发，思考中国革命的性质、中国革命所处的阶
段、中国革命的特点、中国革命的道路问题，初步提出在农村开辟革
命根据地、建立政权、武装割据的必然性和可能性，以及相关的政治
发展、军事力量发展、经济和后勤的发展等问题。

　　但是，共产国际领导人不了解中国国情，在制定中国革命的方针
和策略时，套用俄国革命的经验，主张以大城市为中心进行中国革
命。当时，中共中央的一些领导人在苏联接受革命教育，把马克思主
义教条化，盲目听从共产国际指挥，甚至将苏联革命和建设中的重大
失误当成了“经验”。因此，中国革命的指导思想忽而犯“左”倾盲
动主义错误，忽而犯右倾机会主义错误。在中央苏区第五次反“围
剿”时，中央临时负责人博古对共产国际军事顾问李德言听计从，甚
至完全套用苏军正规军事战略战术，与有绝对优势的国民党军队进行
阵地战，导致第五次反“围剿”失败。在这一时期，由于这些错误，
白区党的组织基本被破坏，除了陕北革命根据地，苏区革命根据地全
部丧失，红军三大主力改编为八路军时，只有 4.6 万人。

　　针对马克思主义教条化、盲从共产国际等问题，毛泽东最早从理
论上进行了批判。1930 年 5 月，毛泽东撰写了名为《反对本本主义》
的文章。在文章中，毛泽东提出“没有调查，没有发言权”[①]、“马克
思主义的‘本本’是要学习的，但是必须同我国的实际情况相结

---

①《毛泽东选集》第一卷，人民出版社 2006 年版，第 109 页。

合"①、"中国革命斗争的胜利要靠中国同志了解中国情况"。② 初步提出了独立自主的基本思想。

1935年1月，遵义会议召开，从中国革命实践中成长起来的毛泽东开始实际领导中国革命，中国革命才转危为安。

二、 在抗日民族统一战线中坚持独立自主

随着日本帝国主义对中国侵略的加剧，民族矛盾成为主要矛盾，国共两党再次合作，共同抗日。在抗日战争中，中国共产党人吸取大革命和土地革命战争时期的教训，开始确立独立自主原则，并形成了相应的理论和实践内容。

1935年12月，毛泽东在《论反对日本帝国主义的策略》一文中指出："我们中华民族有同自己的敌人血战到底的气概，有在自力更生的基础上光复旧物的决心，有自立于世界民族之林的能力。但是这不是说我们可以不需要国际援助；不，国际援助对于现代一切国家一切民族的革命斗争都是必要的。"③ 这是中国共产党人第一次明确提出自力更生这一概念以及它和外部援助的关系。

从推动国共合作到抗日战争初期，毛泽东领导中国共产党确立、坚持了抗日民族统一战线中的独立自主原则。毛泽东在《中国革命战争的战略问题》（1936年12月）、《中国共产党在抗日时期的任务》（1937年5月3日）等文章中指出，在抗日民族统一战线中，各党派

---

① 《毛泽东选集》第一卷，人民出版社2006年版，第111—112页。
② 《毛泽东选集》第一卷，人民出版社2006年版，第115页。
③ 《毛泽东选集》第一卷，人民出版社2006年版，第161页。

应团结一致，但又要保持一定的独立。作为无产阶级政党，中国共产党不仅在纲领、组织方面保持独立自主，而且，由于无产阶级的先进性，中国共产党在统一战线中要保持政治方面的领导权。毛泽东还提出，中国共产党要大力发展武装队伍。在军事方面，八路军在战略上服从国民党指挥，在具体战术上保持独立性。八路军要发挥自己的优势，开展山地游击战（在适当条件下的运动），开辟革命根据地。

同时，1937年7月到8月间，毛泽东撰写完成《实践论》和《矛盾论》两篇重要哲学著作。毛泽东从哲学理论的高度，反思第一次土地革命战争时期的经验教训，批判党内的教条主义和经验主义，尤其是教条主义的错误。《实践论》从马克思主义认识论的知行关系的角度，提出理论源于实践，必须在实践中检验，在实践中不断发展等。《矛盾论》从马克思主义辩证法的高度，就矛盾的普遍性和特殊性的关系展开论述，提出具体问题必须具体分析。这两篇文章实质上为中国共产党的独立自主原则提供了哲学理论依据。

1937年11月，王明从苏联回国，返抵延安。王明鼓吹"一切经过统一战线"。这一口号承认国民党在抗日民族统一战线中有绝对的领导权。王明的声音无疑代表共产国际和斯大林的声音，它严重干扰了中国共产党确立的独立自主原则。

毛泽东等领导人与王明所代表的错误路线进行了坚决斗争。1938年5月，毛泽东撰写《抗日游击战争的战略问题》，从战略高度论述山地游击战和根据地的重要意义。这实际上是提出了中国共产党在抗日战争中独立自主的军事战略问题。在这之后，毛泽东先后发表《中国共产党在民族战争中的地位》（1938年10月14日）、《统一战线中的独立自主问题》（1938年11月5日）、《战争和战略问题》（1938

年11月6日）等文章，批判"一切经过统一战线"的错误，要求全党既要坚持统一战线，又要坚持党的独立性；既要和国民党合作，又要反对无原则的妥协退让甚至投降主义。要求全党放手发动群众，放手开辟抗日革命根据地，壮大抗日武装力量，开展武装斗争。

王明接受过马克思主义系统教育，对马列经典掌握得极为娴熟，他的错误思想在党内干部中有很大影响。故而，毛泽东进一步从理论的高度对王明进行了批判。1938年在中国共产党第六届中央委员会第六次全体会议上，毛泽东提出马克思主义中国化的问题，进一步反对将马列主义作为现成答案的教条主义思想。毛泽东提出："马克思主义必须和我国的具体特点相结合并通过一定的民族形式才能实现。"并强调："使马克思主义在中国具体化，使之在其每一表现中带着必须有的中国的特性，即是说，按照中国的特点去应用它，成为全党亟待了解并亟须解决的问题。"①

在抗日民族统一战线中坚持独立自主，其核心问题是抗日战争的政治领导权问题，进而言之，是中国民主主义革命由哪个阶级来领导的问题。1940年1月9日，毛泽东在陕甘宁边区文化协会第一次代表大会上发表长篇演讲，后以《新民主主义论》为名发表。在这篇演讲中，毛泽东有力地论证了中国民主主义革命是新民主主义革命，无产阶级是领导阶级。这就从理论上解决了中国共产党是否要争取抗日民族统一战线的领导权的问题。

---

① 《毛泽东选集》第二卷，人民出版社2006年版，第534页。

三、 在自力更生的原则下尽可能地利用外援

抗日战争进入相持阶段后，国民党开始消极抗日，积极反共，不断搞摩擦，破坏抗日团结。1941 年 1 月，国民党制造了震惊中外的"皖南事变"。对于国民党的这一暴行，中国共产党坚持正义立场，坚持独立自主，既维护大局，又坚决斗争，维护了抗日民族统一战线。毛泽东提出，要取得抗日战争的胜利，就必须扩大和巩固抗日统一战线，中国共产党"必须采取发展进步势力、争取中间势力、反对顽固势力的策略"①。他还指出："所谓发展，就是不受国民党的限制，超越国民党所能允许的范围，不要别人委任，不靠上级发饷，独立自主地放手地扩大军队，坚决地建立根据地，在这种根据地上独立自主地发动群众，建立共产党领导的抗日统一战线的政权，向一切敌人占领区域发展。"② 由此，中国共产党重新确立了对抗日民族统一战线的领导地位。

1941 年，德国突然入侵苏联；日本突袭珍珠港，太平洋战争爆发。国民党开始积极反共，封锁抗日根据地。日本帝国主义对抗日根据地进行封锁、"扫荡"。中国共产党领导的抗日根据地孤立无援。党中央号召抗日根据地军民，自己动手，丰衣足食，打破敌人的封锁。党中央进一步发展独立自主原则，发展"自力更生为主，争取外援为辅"的思想。早在 1940 年的《论政策》中，毛泽东就指出："我们的

①《毛泽东选集》第二卷，人民出版社 2006 年版，第 745 页。
②《毛泽东选集》第二卷，人民出版社 2006 年版，第 753—754 页。

根本方针和国民党相反，是在坚持独立战争和自力更生的原则下尽可能地利用外援，而不是如同国民党那样放弃独立战争和自力更生去依赖外援，或投靠任何帝国主义的集团。"① 这一阶段，在"自力更生为主，争取外援为辅"的思想指导下，边区和各抗日根据地党政机关大力进行生产，自给自足。党中央要求各根据地："一切机关学校部队，必须于战争条件下厉行种菜、养猪、打柴、烧炭、发展手工业和部分种粮。"② 1943 年，在《组织起来》一文中，毛泽东提出："边区的军队，今年凡有地的，做到每个战士平均种地十八亩，吃的菜、肉、油，穿的棉衣、毛衣、鞋袜，住的窑洞、房屋，开会的大小礼堂，日用的桌椅板凳、纸张笔墨，烧的柴火、木炭、石炭，差不多一切都可以自己造，自己办。我们用自己动手的方法，达到了丰衣足食的目的。"③ 1945 年初，在抗日战争胜利的前夕，为了准备战略反攻，针对各根据地被分割的情况，毛泽东再次重申自力更生原则。毛泽东指出："我们不能学国民党那样，自己不动手专靠外国人，连棉布这样的日用品也要依赖外国。我们是主张自力更生的。我们希望有外援，但是我们不能依赖它，我们依靠自己的努力，依靠全体军民的创造力。"④

在自力更生这一原则指导下，中国共产党领导的抗日根据地军民度过了抗日战争最艰苦的岁月，抗日根据地不断扩大，抗日武装力量不断壮大。

---

①《毛泽东选集》第二卷，人民出版社 2006 年版，第 765 页。

②《毛泽东选集》第三卷，人民出版社 2006 年版，第 911 页。

③《毛泽东选集》第三卷，人民出版社 2006 年版，第 929 页。

④《毛泽东选集》第三卷，人民出版社 2006 年版，第 1016 页。

抗日战争胜利后，中国共产党坚持独立自主原则，从人民的根本利益出发，根据国内、国际形势制定方针、政策，最终打倒了帝国主义、封建主义和官僚资本主义，完成了民族解放，基本实现了国家统一，取得了新民主主义革命的胜利。

第二节　建设时期独立自主原则的丰富

中华人民共和国成立后，经过三年的经济恢复，开始了社会主义革命和建设。在社会主义建设中，中国共产党坚持独立自主原则，主要表现在以下几个方面：为社会主义建设创造有利环境，反对大国主义和霸权主义，倡导和平共处五项原则，对大国不怕压、不信邪，与小国平等相待，形成独立自主的和平外交政策；借鉴苏联社会主义建设经验，将马克思主义和中国社会主义建设实践相结合，进行艰辛探索；在冷战格局下，坚持自力更生，艰苦奋斗，建立完整的工业体系，建设"大三线"战备后方，极大地提高了中国的独立自主能力。

一、在国家和党的关系中坚持独立自主

中华人民共和国成立后，为了获得更好的发展条件，在冷战背景下，在殖民地民族解放运动风起云涌的年代，党中央经过审慎思考，决定在外交政策方面采取"一边倒"政策，加入社会主义阵营。中国

在外交方面，既涉及社会主义阵营中党和国家的关系，又涉及与以美国为首的资本主义阵营的关系，还涉及与新独立的第三世界国家的关系。

二战之后，老的帝国主义霸权体系解体，民族解放运动不断高涨。社会主义阵营积极支持殖民地民族的解放运动，推动人民民主力量的发展。在这种历史背景下，作为社会主义阵营中的大国，中国要承担世界革命的责任。同时，为了进行规模空前的社会主义建设，中国积极反对霸权主义，倡导国家间和平共处，为社会主义建设营造良好的国际环境。

在新中国成立之初，美国奉行敌视中国的外交政策，不承认中华人民共和国。1950 年 6 月 25 日，朝鲜内战爆发。1950 年 6 月 27 日，美国宣布第七舰队进入台湾海峡，侵犯中国主权和领土完整。1950 年 10 月，中国人民志愿军抗美援朝，保家卫国，经过三年浴血奋战，打出了军威国威。从一开始，美国就对中国进行经济制裁和实行禁运。1954 年，美国又纠集一些国家，签订《东南亚集体防务条约》，遏制中国。同年，美国侵犯中国国家主权，和蒋介石签订《共同防御条约》。为了民族独立和国家统一，中国旗帜鲜明，坚决反对霸权主义。1954 年，毛泽东对来访的缅甸总理吴努表明中国的态度："即使我们再弱，美国要把它的意志强加在我们身上也是不行的。过去我们在延安，就没有屈服过。在解放战争中，我们也曾把侵入我们地区进行间谍活动的美国人逮捕起来。不论美国多强，能产多少钢，能出多少辆汽车和多少架飞机，我们也是不会屈服于它的压迫的……对于压迫我们的国家，只要它们一天继续如此，我们就一天也不屈服。"① 经过不懈斗争，1972 年美国总统尼克松访华，中美关系开始正常化。

中国加入社会主义阵营后，苏联对中国给予了重要援助，工业"156 项"建设奠定了中国工业的基础。但是，随着国力提升，苏联共产党的大党主义、大国主义越发明显，在一些情况下开始无视其他国家的主权和党的自主地位。中国共产党与苏联大党主义和大国主义倾向进行了有理有利有节的斗争。

1956 年，波匈事件爆发。波匈事件爆发的历史原因非常复杂，但是，苏联的大党主义和大国主义无疑是一个非常重要的原因。中共应苏共邀请去波兰调节波苏关系。刘少奇代表中国共产党对苏联共产党提出一些批评和建议。刘少奇对苏联领导人提出："请苏联同志考虑：苏联在斯大林时期，是不是犯有大国沙文主义、大民族主义的错误，致使社会主义国家相互之间的关系处于一种不正常的状态。这也是波兰事件、匈牙利事件发生的根本原因之一。"② 并指出："必须学会同兄弟党、兄弟国家间协商、合作、协同动作；只想到自己，只考虑自己而不考虑别人的做法，是极其严重的错误，会给我们的共同事业带来极大的害处和恶果。"③ 中国共产党在这里提出了社会主义阵营内部各党、各国独立自主的主张。中国并不否认苏联在社会主义阵营内的领导地位，但反对其大国主义，主张社会主义各国、各党地位平等，独立自主处理内部事务。

1956 年，出于对苏联国家利益的考虑，苏联最高领导人赫鲁晓夫

① 《毛泽东文集》第六卷，人民出版社 1996 年版，第 380 页。
② 师哲口述、李海文著：《在历史巨人身边：师哲回忆录》，九州出版社 2015 年版，第 444 页。
③ 师哲口述、李海文著：《在历史巨人身边：师哲回忆录》，九州出版社 2015 年版，第 445 页。

提出美苏之间和平过渡、和平共处、和平竞赛的路线，意图实现"苏美合作，主宰世界"。赫鲁晓夫要求中国等社会主义国家服从苏联的国际战略。但是，中国国家统一还未完成，美国在东亚组织军事联盟封锁、威胁中国，因此，中国没有跟在苏联后面亦步亦趋。

1958 年，为了指挥苏联在太平洋地区活动上的潜艇，苏方提出与中方共建一座长波电台。为了国家主权，中方坚持一切费用由中国负担，长波电台归中国所有，两国共用，苏方则坚持共同建设、共同所有。不久，苏方又提出建立共同潜艇舰队。"苏联'长波电台'和'联合舰队'的提出，暴露了苏联领导有从军事上政治上控制中国的意图。"① 对此，毛泽东严词拒绝。1958 年 8 月，人民解放军炮击金门，为国家主权和领土完整与美国展开军事、政治斗争。赫鲁晓夫认为中国制造紧张局势，影响苏联利益。中苏两党分歧加大，并影响两国关系。苏联领导人开始使用各种手段，力图迫使中国屈服。1959 年6 月，苏联单方面撕毁中苏双方 1957 年 10 月签订的关于国防新技术的协定。1960 年 7 月 16 日，苏联政府单方面决定撤回全部在华的苏联专家 1390 人。不等中国政府的答复，苏联政府又决定一个月内撤走在华全部专家，并中止派遣按照两国协议应该派遣的 900 人，撕毁两国政府签订的 12 个协定和两国科学院签订的 1 个议定书以及 343 个专家合同和合同补充书，废除 257 个科学技术合同项目，停止供应中国建设所需的重要设备，大量减少成套设备和各种设备中关键部件的供应，给中国经济建设造成严重困难和巨大损失，同时要求中国偿还

---

① 当代中国研究所：《中华人民共和国史稿第二卷：1956—1966》，人民出版社、当代中国出版社 2012年版，第 308 页。

债务。① 另外，在社会主义阵营召开的国际会议上，苏共指使其他国家共产党围攻中共。1962 年 4 月，苏方在我国新疆的塔城、伊犁搞颠覆分裂活动，策动中国 6 万边境居民越境去苏联。1964 年勃列日涅夫上台后，苏联在中苏边境派驻重兵，给中国施加军事压力，不断制造事端。20 世纪 60 年代末 70 年代初，苏联在中国边境陈兵最多达 100 万。对于苏联的大国沙文主义以及后来的挑衅行为，中国坚决捍卫国家主权和民族尊严。

对于美、苏超级大国，中国坚持以斗争求和平，在斗争的同时，争取一切时机缓和关系，争取和平。对于殖民地民族解放运动中出现的新独立国家，中国采取平等态度对待，提出互相尊重主权、和平共处、平等协商，赢得第三世界国家的信任。

1953 年 12 月，周恩来在会见印度代表团时，就英国殖民主义时期中印历史遗留问题，提出和平共处五项原则：互相尊重领土主权、互不侵犯、互不干涉内政、平等互惠、和平共处。1954 年 4 月，万隆亚非会议召开。会议谴责殖民主义、种族主义，倡导民族独立、亚非团结。在会议上，一些国家对中国存在疑虑。周恩来提出，求同存异，亚非国家要相互理解、相互支持。万隆会议的精神实质就是和平共处五项原则。

中国共产党人把马克思主义基本原理和中国革命实践相结合，开辟了殖民地民族解放运动中的中国道路。中华人民共和国成立后，亚非拉国家和革命政党纷纷来到中国，学习中国革命经验，寻求中国的帮助。鉴于共产国际指导中国革命的历史教训，中国共产党一直保持

---

① 当代中国研究所：《中华人民共和国史稿第二卷：1956—1966》，人民出版社、当代中国出版社 2012 年版，第 311 页。

谦虚态度。当第三世界国家领导人就国内革命和建设问题征询毛泽东的看法时，毛泽东从来不比手画脚，强加于人，而是强调这些国家要独立自主，从本国的实际出发，借鉴中国经验，不要硬搬中国经验。1956 年，毛泽东与参加中共八大的拉丁美洲一些党的代表谈话时，特别强调："中国革命的经验，建立农村根据地，以农村包围城市，最后夺取城市的经验，对你们许多国家不一定都适用，但可供你们参考。我奉劝诸位，切记不要硬搬中国的经验。任何外国的经验，只能做参考，不能当作教条。一定要把马克思列宁主义的普遍真理和本国的具体情况这两个方面结合起来。"[①]

20 世纪 70 年代前后，苏联与美国争夺世界霸权，威胁世界和平。毛泽东根据国际形势变化，提出"三个世界"理论。毛泽东认为，苏、美是第一世界，军事强大，国家富裕，它们互相争夺世界霸权；日本、英国、法国等国家为第二世界；其他亚非拉国家为第三世界国家。第三世界国家和人民是反对霸权主义的主力军。中国是社会主义国家，但属于第三世界。中国和第三世界国家一起坚决反对帝国主义和霸权主义。毛泽东"三个世界"思想是中国独立自主外交政策的重要发展，它立足于团结第三世界国家，争取第二世界国家，建立起广泛的国际反帝反霸统一战线，为中国改善国际关系做出了重要贡献，为改革时期的独立自主和平外交政策打下了理论基础和现实基础。

二、 把马克思主义与中国实际结合， 探索中国的社会主义道路

近代以来，中国饱受帝国主义欺凌和掠夺。中华人民共和国成立

———————

① 《毛泽东文集》第七卷，人民出版社 1996 年版，第 133 页。

时，是一个贫穷、落后的农业国，一穷二白。在这样的国家如何进行社会主义现代化建设呢？尤其是如何进行现代化大工业和现代国民经济体系的建设呢？这是摆在中国共产党面前的难题。中国共产党长期进行的是武装斗争，有根据地经济建设经验，但没有管理现代大工业生产的经验。为此，在进行第一个五年计划时，中国暂时照搬苏联计划经济的模式和体制。在这种情况下，党内出现迷信苏联建设经验、依赖苏联援助的思想倾向。但是，中国与苏联历史不同、国情不同、发展阶段不同，照搬苏联体制会产生很多问题。经过第一个五年计划，中国共产党积累了一定的建设经验，认识到了苏联体制的一些弊端，开始从中国国情出发，把苏联建设经验和中国实际相结合，探索中国的社会主义现代化道路。1956 年 2 月，赫鲁晓夫在苏共二十大上作"秘密报告"，"全面批判"斯大林。中国共产党领导层对赫鲁晓夫的"批判"和方式有自己的看法，并由此形成了中苏十年论战。"秘密报告"打破了当时人们对斯大林和苏共的迷信，使人们认识到苏共并非一贯正确，对苏联的社会主义建设经验也要科学地进行分析。这加强了中国共产党独立自主探索中国社会主义道路的决心。

1956 年 2 月中旬到 4 月下旬，为了给中共八大的召开做准备，毛泽东先后召集 34 个中央部委，听取各部委负责人进行生产情况和经济情况汇报。毛泽东将这些汇报进行总结，提出一些代表性问题，在中央政治局进行多次讨论。最后，毛泽东将这些问题归纳为十大关系。同年 4 月 25 日，毛泽东在中央政治局扩大会议上发表了《论十大关系》的讲话。毛泽东提出的十大关系包括：重工业和轻工业、农业的关系；沿海工业和内地工业的关系；经济建设和国防建设的关系；国家、生产单位和生产者个人的关系；中央和地方的关系；汉族和少数民族的关系；党和非党的关系；革命和反革命的关系；是非关系；中国和外国的关系。毛泽东的《论十大关系》的主旨就是根据中国国情，借鉴苏联和东欧社会主义建设的经验教训，科学、合理地处理好国内外各种矛盾，调动一切积极因素，为建设伟大的社会主义国家而奋斗。

毛泽东在《论十大关系》中明确提出："我们的方针是，一切民族、一切国家的长处都要学，政治、经济、科学、技术、文学、艺术的一切真正好的东西都要学。但是，必须有分析有批判地学，不能盲目地学，不能一切照抄，机械搬用。他们的短处、缺点，当然不要学。对于苏联和其他社会主义国家的经验，也应当采取这样的态度。"[①]

毛泽东的《论十大关系》标志着中国共产党独立自主探索中国社会主义现代化的开始。

1958年6月，毛泽东在对第二个五年计划提要所作的批示中指出："自力更生为主，争取外援为辅，破除迷信，独立自主地干工业、干农业、干技术革命和文化革命，打倒奴隶思想，埋葬教条主义，认真学习外国的好经验，也一定研究外国的坏经验——引以为戒。这就是我们的路线。"[②]"自力更生为主，争取外援为辅"成为我国社会主义建设独立自主发展的基本方针。

在独立自主方针指导下，中国共产党积极探索符合中国国情的社会主义道路。由于缺乏经验，在这个过程中，党出现了这样或者那样

①《毛泽东文集》第七卷，人民出版社1996年版，第41页。
② 中共中央文献研究室：《毛泽东年谱（一九四九——一九七六）》（第三卷），中央文献出版社2013年版，第370页。

的失误，甚至出现了严重错误。但是，独立自主探索中国的社会主义道路的历史方向是正确的。

三、自力更生，艰苦奋斗，提高国家自主能力

独立自主原则，重在提高自身的自主能力。因此，毛泽东强调"自力更生为主，争取外援为辅"。在社会主义建设中，毛泽东强调要立足于自身的力量，立足于自身的努力，能够自己做的，都要自己来做；万不得已时，才寻找外援。在毛泽东看来，外援非常重要，但最终只是条件，自身才是根本，一切外援的目的最终还是壮大自身。

在独立自主原则指导下，在社会主义建设中，中国共产党从中国的长远发展出发，雄心勃勃地制定了以建设重工业为中心的现代工业体系和完整的国民经济体系为目标的发展计划。二战后，苏联以自己为中心，在社会主义阵营中搞经互会，搞社会主义阵营经济一体化和专业化。从短期看，如果中国加入经互会，在苏联的援助下专门从事农业和轻工业生产，可能会发展得更容易、更快，人民的吃穿用等生活用品也会丰富一些。但是，这会影响中国重工业优先的工业化战略，也会影响建成独立完整的现代工业体系的长远目标。1953 年，赫鲁晓夫试探性地邀请中国加入经互会，毛泽东不容置疑地拒绝说："没有这个必要，这对中国的发展建设没有多大实际意义。相反，可能麻烦很多，纠缠不清，还会妨碍建设的进展。"[1]

20 世纪 60 年代，中国周边国际环境开始恶化。为了应对可能发

---

[1] 师哲口述、李文海著：《在历史巨人身边：师哲回忆录》，九州出版社 2015 年版，第 416 页。

生的战争，中国开始了规模宏大的"大三线"建设，将重点工业向中国西部转移，在云贵川建立"战略大后方"。同时，中国大力发展石油工业，大力发展粮食生产。中国立足于自身力量，决心在没有任何外援的情况下，战胜任何敢于来犯之敌。①

　　总之，在建设时期，中国共产党在党和国家的关系方面，坚持独立自主，反对霸权主义和大国沙文主义，平等对待发展中国家，坚持"自力更生为主，争取外援为辅"，把马克思主义基本原理、苏联建设经验与中国实际相结合，探索中国社会主义道路，坚持自力更生、艰苦奋斗，不断提升国家自主能力，使中国真正地"站了起来"，为改革时期的"富起来"打下了坚实的基础。

第三节　改革时期独立自主原则的进一步发展

　　1978 年 12 月召开的党的十一届三中全会，开启了改革开放的历史进程。以邓小平为代表的中国共产党人，在以和平和发展为主题的时代，在改革开放后，坚持、发展独立自主原则，继续坚持独立自主和平外交政策，坚持从社会主义初级阶段的国情出发探索中国特色社会主义道路，坚持"自力更生为主，争取外援为辅"，积极引进西方资金和技术，坚持依靠自身力量，发展自己。在改革开放中，独立自主原则得到进一步发展。坚持独立自主，保证了中国改革开放前进在

---

　　① 关于建设时期中国独立自主发展战略的具体措施和历史作用，将在后面进行详细论述，这里不再赘述。

正确的历史航向上。

一、 中国永远不允许别国干涉内政

改革开放后，中国共产党根据国际形势的变化，对战争与和平的问题做出科学判断，改变了"战争迫在眉睫，不可避免"的判断。1979 年，中美建交后，美国仍旧在台湾问题上干涉中国内政。与此同时，苏联有改善中苏关系的愿望。根据中美苏三国关系的变化，中国调整外交政策，提出独立自主和平外交政策。

1982 年 9 月 1 日，邓小平在中国共产党第十二次全国代表大会上致开幕词，指出："中国人民珍惜同其他国家和人民的友谊和合作，更加珍惜自己经过长期奋斗而得来的独立自主权利。任何外国不要指望中国做他们的附庸，不要指望中国会吞下损害我国利益的苦果。我们坚定不移地实行对外开放政策，在平等互利的基础上积极扩大对外交流。"[①]

独立自主的和平发展外交政策是以实现和平、为中国发展营造良好的国际环境为目标的。为了实现这个目标，在国家间关系中，中国遵循和平共处五项原则，独立自主，根据国家利益确定自己的国际目标和行为，不搞"大家庭"，不搞"集团政治"，不搞"势力范围"，不扩大矛盾，不激化国际局势。[②] 中国不允许任何国家打中国牌，同时，中国也不打其他国家的牌。只要有和平意愿，中国愿意和任何国

---

① 《邓小平文选》第三卷，人民出版社 1993 年版，第 3 页。
② 《邓小平文选》第三卷，人民出版社 1993 年版，第 96 页。

家和平共处。同时，中国反对霸权，维护世界和平，坚定地站在和平力量一边，哪个国家搞霸权，中国就反对哪个国家。1986年，邓小平用简单明了的语言说："我们坚持独立自主的和平外交政策，不参加任何集团。同谁都来往，同谁都交朋友，谁搞霸权主义我们就反对谁，谁侵略别人我们就反对谁。我们讲公道话，办公道事。这样，我们国家的政治分量就更加重了。这个政策很见效，我们要坚持到底。"①

中国独立自主的和平外交政策，其核心就是国家间平等，互不干涉内政。但是，在我国改革开放的进程中，美国以各种形式干涉中国内政，想把中国的改革引向西化，改变中国的社会主义制度。1989年，东欧社会主义国家发生剧变。1991年，苏联解体。这一时期，世界社会主义运动陷入低谷。以美国为首的西方，以压促变，在国际上掀起反华浪潮，对中国进行制裁和封锁，延缓世界银行对中国的贷款。

对于反华浪潮，中国共产党坚持独立自主，凡涉及国家主权、国家安全和人民根本利益的问题，不管面对什么样的国家，不管其采取什么样的手段，中国绝不妥协退让。总而言之，中国内政不容干涉。邓小平在各种场合向世界申明，新中国是打出来的，中国的社会主义是在封锁围困中壮大起来的。中国不怕压，不信邪，不惧任何恐吓。

1989年9月4日，邓小平在同几位中央负责同志谈话中指出："要维护我们独立自主、不信邪、不怕鬼的形象。我们绝不能示弱。你越怕，越示弱，人家劲头就越大。并不因为你软了人家就对你好一

---

① 《邓小平文选》第三卷，人民出版社1993年版，第162页。

些，反倒是你软了人家看不起你。我们怕什么？战争我们并不怕。我们分析世界大战打不起来，真打起来也不怕。谁敢来打我们，他们进得来出不去。中国有抵御外敌入侵的丰富经验，打垮了侵略者，我们再来建设。"① 1989 年 10 月 31 日，邓小平会见美国前总统尼克松时指出："结束过去，美国应该采取主动，也只能由美国采取主动。美国是可以采取一些主动行动的，中国不可能主动。因为强的是美国，弱的是中国，受害的是中国。要中国来乞求，办不到。哪怕拖一百年，中国人也不会乞求取消制裁。如果中国不尊重自己，中国就站不住，国格没有了，关系太大了。"②

中国坚持独立自主，同以美国为首的西方进行了有理有利有节的斗争。此后仅仅两三年时间，欧美各国就纷纷和中国恢复正常关系，中国获得了更加有利的国际环境。

二、 坚持从国情出发， 走有中国特色的社会主义道路

在建设时期，毛泽东等中国共产党领导人已经认识到，苏联的社会主义模式在很多方面不适合中国国情，并进行了艰辛探索。

经过第一次世界大战、国内战争，苏俄的生产力遭到极大破坏。在被帝国主义国家围困的情况下，苏联开始致力于恢复、发展生产。为了应对帝国主义国家的侵略，苏联要优先发展重工业。在复杂的国际国内形势下，经过战时共产主义政策、新经济政策，苏联最后建立

① 《邓小平文选》第三卷，人民出版社 1993 年版，第 320 页。
② 《邓小平文选》第三卷，人民出版社 1993 年版，第 331—312 页。

起斯大林模式的社会主义制度。斯大林模式的社会主义制度是特定历史条件下的产物，它以公有制和国家计划来调动国家资源，发展生产力，尤其是发展对国防工业极为重要的重工业。

中华人民共和国成立时，面临着与苏联相似的情况，尤其是国家安全和优先发展重工业方面，再加上苏联的援助，中国选择了苏联社会主义模式。虽然苏联社会主义模式存在各种问题，但重工业优先的工业化需要集中配置资源的客观要求，使中国共产党第一代领导人坚持了苏联社会主义模式。随着我国生产力的发展、工业体系建设的完成、国民经济规模的扩大以及国际形势的变化，这种高度集中的计划经济体系需要进行相应的变革。

在改革开放之初，人们普遍把特定历史条件下形成的苏联社会主义模式等同于标准的社会主义，并由此形成两种思想错误：一种是"左"的错误，它固守苏联模式，自认为是"坚持"社会主义，反对改革开放；另外一种是右的错误，或者说是资产阶级自由化的错误，在否定苏联模式的同时，否定社会主义，主张全盘西化。

邓小平坚持不懈地与这两种错误倾向作斗争，坚持从国情出发，既解放思想，打破"左"的教条，又不照搬西方社会制度，走中国特色的社会主义道路。

1979 年 1 月至 4 月，理论工作务虚会在北京举行。理论工作务虚会提倡解放思想，民主讨论，畅所欲言，意在总结宣传工作的经验和教训，探索一些新的理论问题。但是，在会议上，一些人提出极端民主化、自由化的错误主张，一些人反对社会主义现代化的提法。这些思想反映着当时的社会思潮，引起了邓小平的高度重视。1979 年 3 月 30 日，邓小平在会议上作了《坚持四项基本原则》的重要讲话。邓小平指出："过去搞民主革命，要适合中国情况，走毛泽东同志开辟的农村包围城市的道路。现在搞建设，也要适合中国情况，走出一条中国式的现代化道路。"① 邓小平提出，中国进行现代化，有两个必须看到的重要特点。其一，中国贫穷落后，底子薄。建国后取得了一定的成就，经济增长速度较快，但仍然很贫穷。其二，人口多，耕地少。中国人口中百分之八十是农民；面临着严重的吃饭、教育和就业问题。中国的现代化必须从这些国情出发，必须统筹兼顾。邓小平明确提出："中央认为，我们要在中国实现四个现代化，必须在思想政治上坚持四项基本原则。这是实现四个现代化的根本前提。"② 邓小平明确坚持四项基本原则，就是明确中国坚持走社会主义现代化道路。

1982 年，在党的十二大上，邓小平明确提出："我们的现代化建设，必须从中国的实际出发。无论是革命还是建设，都要注意学习和借鉴外国经验。但是，照抄照搬别国经验、别国模式，从来不能得到成功。这方面我们有过不少教训。把马克思主义的普遍真理同我国的具体实际结合起来，走自己的道路，建设有中国特色的社会主义，这就是我们总结长期历史经验得出的基本结论。"③

邓小平坚持从实际出发，实事求是，不固守教条，不固守模式，把握理论活的灵魂，将其变为分析现实的科学方法，找到了中国的发展道路。在这一正确思想的指导下，中国改革开放逐步深入推进。1987 年，在党的十三大上，党中央对中国国情进行理论概括，提出社

---

① 《邓小平文选》第二卷，人民出版社 1994 年第 2 版，第 163 页。
② 《邓小平文选》第二卷，人民出版社 1994 年第 2 版，第 164 页。
③ 《邓小平文选》第三卷，人民出版社 1993 年版，第 2 页。

会主义初级阶段理论，勾勒了社会主义初级阶段中国发展的战略构想，推动了中国社会主义现代化不断发展。

三、 正确认识 "自力更生为主， 争取外援为辅"

工业 "156 项" 建设完成后，中国的重工业基础已经建成。但是，中国工业体系的技术水平和西方存在较大差距，中国的工业需要从西方进口关键技术、设备来提升水平。随着中美关系的缓和，中国开始能够从西方进口先进技术和设备。1973 年以来，西方国家饱受滞涨之苦，为了应对经济危机，各国急于输出过剩资金和技术设备。当时，中国的外汇储备匮乏，这就产生了是否借外债进口技术、设备的问题，以及是否利用外资、如何利用外资的问题。鉴于一些人把独立自主错误地理解为一切完全依靠自己，把"既不借外债，也不借内债"原则教条化，把引进西方先进技术视为崇洋媚外等错误倾向，邓小平在 1978—1979 年，一再重申要正确地理解自力更生和力争外援之间的关系。

在建设时期，美国不承认中国，对中国进行封锁。中苏关系破裂后，中国孤立无援。在这种历史情况下，毛泽东提出自力更生，艰苦奋斗，自己搞科技，自己搞工业，自己搞经济。为了应对突发战争和自然灾害，毛泽东强调建设要留有余地。中国在还清苏联债务之后，既不借外债，也不借内债。邓小平认为，关于自力更生，很多人忽视了具体的历史条件，没有正确地理解自力更生。邓小平在谈到自力更生和争取外援的关系时指出："毛主席历来有两句话，自力更生，力争外援……就是那时，毛主席也是讲两句话，不是一句话。"① "独立自主不是闭关自守，自力更生不是盲目排外。"②

1978—1979 年，邓小平提出要抓住有利时机，引进西方先进技术设备，利用外资。1978 年 10 月 10 日，邓小平指出："要实现四个现代化，就要善于学习，大量取得国际上的帮助。要引进国际上的先进技术、先进装备，作为我们发展的起点。"③ 1979 年 1 月 17 日，邓小平指出："现在搞建设，门路要多一点，可以利用外国的资金和技术，华侨、华裔也可以回来办工厂。吸收外资可以采取补偿贸易的方法，也可以搞合营，先选择资金周转快的行业做起。当然，利用外资一定要考虑偿还能力。"④ 同年 10 月 4 日又指出"现在研究财经问题，有一个立足点要放在充分利用、善于利用外资上，不利用太可惜了。"⑤

1982 年，在党的十二大上，邓小平明确提出："独立自主，自力更生，无论过去、现在和将来，都是我们的立足点……我们坚定不移地实行对外开放政策，在平等互利的基础上积极扩大对外交流。"⑥

邓小平在新的历史条件下，在坚持自力更生的前提下，强调对外开放，利用外国资金和技术的重要作用，发展了独立自主原则。

在邓小平的推动下，从 1979 年起，我国开始利用外资，接受世界银行贷款。1982 年，我国在日本发行日元私募债券。同时，中外合

---

① 中共中央文献研究室：《邓小平年谱（一九七五——九九七）》（上），中央文献出版社 2004 年版，第437 页。

②《邓小平文选》第二卷，人民出版社 1994 年第 2 版，第 91 页。

③《邓小平文选》第二卷，人民出版社 1994 年第 2 版，第 133 页。

④《邓小平文选》第二卷，人民出版社 1994 年第 2 版，第 156 页。

⑤《邓小平文选》第二卷，人民出版社 1994 年第 2 版，第 199 页。

⑥《邓小平文选》第三卷，人民出版社 1993 年版，第 3 页。

资企业开始快速发展。利用外资解决了我国改革开放初期外汇匮乏的难题。

四、 在自力更生基础上争取外援

1987 年，党的十三大提出社会主义初级阶段的基本路线，即领导和团结全国各族人民，以经济建设为中心，坚持四项基本原则，坚持改革开放，自力更生，艰苦创业，为把我国建设成为富强、民主、文明的社会主义现代化国家而奋斗。党的基本路线一般简称为一个中心、两个基本点。一个中心是指以经济建设为中心；两个基本点是指坚持四项基本原则，坚持改革开放。但是，很多人忽略了，在党的基本路线中，自力更生占有重要地位。中国改革开放是以自身力量为基点的独立自主的改革开放。不了解这一点，就不能深刻理解改革开放取得的历史性成就，就不能理解独立自主的历史作用。

中国的改革开放，首先立足于自己的力量，坚持自力更生为主，保证国家经济安全，然后以争取外援为辅助，积极争取西方的先进技术和资金。后者要促进前者的发展。

邓小平对国际垄断资本和西方霸权有着清醒认识，时刻保持着警惕。邓小平认为，国际市场已经被国际资本垄断，中国要打破这种垄断，必须长期进行艰苦奋斗。邓小平指出："过去，一些比较小的工资很低的国家和地区，由于有些发达的大国为了自己的利益在资金、技术等方面支持了它们，它们的廉价产品在一定时期的国际市场上也比较容易钻空子。资本家把高额利润分一点给这些地方的劳动者，劳动者的生活就显得改善很快了。"① 但是，中国这样的大国，又是社会主义国家，根本不可能有这样的机会。中国人民必须依靠自己的力量，艰苦奋斗。

因此，在改革开放中，引进技术设备，首先要保证促进我国国民经济发展，提升工业的关键技术环节和国民经济的关键部门，不断增强国家的力量。1978 年 9 月 1 日，邓小平在主持军队引进外国先进技术座谈会时就指出："外汇的使用原则是要集中到促进国民经济的发展上，目前要用在发展钢、电、煤、石油、铁路等方面……引进的项目要排两个队，一个是项目的排队，按照轻重缓急；一个是时间的排队，分个先后次序，不要抢在这一两年。主要是引进尖端技术。"②

在对外开放利用外资时，邓小平高度重视经济安全和国家安全。邓小平指出："绝不允许把我们学习资本主义社会的某些技术和某些管理的经验，变成了崇拜资本主义外国，受资本主义腐蚀，丧失社会主义中国的民族自豪感和民族自信心。最近有一位华裔学者说，希望中国无论如何不要走台湾的道路，不要像台湾那样搞现代化，那里的经济实际上是美国控制的经济。"③

在自力更生原则指导下，在改革开放中，我国一直坚持立足于自身，不断增强国家自主能力。在对外开放中，我国高度重视国家经济安全，坚持渐进可控原则。我国一直保持着国家指导经济的统筹协调能力，对关系国计民生的战略性资源实行国有企业控制，对事关国家

① 《邓小平文选》第二卷，人民出版社 1994 年第 2 版，第 257 页。

② 中共中央文献研究室：《邓小平年谱（一九七五——一九九七）》（上），中央文献出版社 2004 年版，第 366 页。

③ 《邓小平文选》第二卷，人民出版社 1994 年第 2 版，第 262 页。

发展未来的产业部门进行必要的保护，对外资的进入进行合理有效的控制和正确的政策引导，从根本上确保国家的经济安全，尤其是民族工业的安全。

改革开放初期，以邓小平同志为核心的党的第二代中央领导集体在新的历史条件下重申、发展独立自主原则，以江泽民同志为核心的第三代中央领导集体、以胡锦涛同志为总书记的党中央领导集体，遵循独立自主原则，进一步实行改革开放，使中国参与全球经济，领导中国人民取得了举世瞩目的成就。

第二章

独立自主原则的内涵和要义

独立自主是中华民族精神之魂，是我们立党立国的重要原则。独立自主，就是要坚持国家主权，中国的事情必须由中国人自己做主张；就是要坚持从实际出发，走中国自己的路；就是要坚持以自己的力量为基点，以自力更生为主，争取外援为辅，不断发展壮大自己的力量；就是要有大无畏精神，不怕压、不信邪、不怕鬼，保持高度的民族自尊心和自信心。

第一节　中国的事情必须由中国人民自己做主张

中国坚持独立自主，首先是国家主权独立自主，中国的事情必须从中国国家利益出发，由中国人自己做主张。中国反对霸权主义，维护和平，永远站在和平力量这一边。中国维护自己的主权独立自主，也平等对待发展中国家，坚持平等互利共赢，不称霸。

一、中国国家主权不容一丝一毫侵犯

国家主权是一个国家固有的最高权力，包括国内的最高权力和在国际上的独立自主权利，任何外部势力都不能侵犯。具体而言，任何国家都有权按照自己的意愿，根据本国的情况，选择自己的社会制度、国家形式，组织自己的政府，独立自主地决定、处理本国的内部和外部事务，其他国家无权进行任何形式的侵犯或干涉。一个国家的主权是一个整体，不能分割。

1840年以来，中国被列强欺凌，逐渐成为半殖民地半封建社会。在帝国主义的侵略扩张中，中华民族面临着亡国灭种的危险。救亡图存，反帝反封建，实现国家独立、国土统一、民族解放，成为中国革命的历史任务，并有无数先烈为此献出生命。没有国家主权独立，就无法保护国家领土，就不能保证民族的生存，就不能根据国情探索适合自己的道路，就无法顺利地进行现代化建设以及实现民族的发展和复兴，就不能保证人民的幸福生活。西方近代以来血腥的殖民史、扩张史，中国近代以来被侵略、被欺凌的历史，中国共产党领导中国人民实现中华民族伟大复兴的历史使命，使中国人民高度重视国家主权。中国国家主权是中华民族最根本的利益，是一切其他权利和利益的基础。因此，中国国家主权不容一丝一毫侵犯。

关于中国国家主权不容侵犯、中国内政不容干涉这一问题，主要针对的对象是世界上的大国。在西方的殖民扩张中，形成了中国和西方国家的关系：在特定历史时期，西方国家一方面是中国需要抵御的侵略者，另一方面又是中国现代化需要借鉴的资源。在革命时代，在列宁的领导下，无产阶级革命和殖民地民族解放运动联合起来，形成世界革命浪潮。在中国新民主主义革命、社会主义革命和建设中，形成了中国、苏联和东欧社会主义国家等的关系：在革命阵营中，无论是革命还是建设，苏联都是引路者、领导者；但是，由于具体国情千差万别，同时存在国家利益的差别，中国和苏联的国家关系既有一致性，又有矛盾。不管是对西方国家还是对苏联，中国都坚定不移地维护国家主权、国家安全和国家发展的长远利益。关于这个问题，第一章从历史发展角度已经作了介绍，不再重复。这里仅讲述中苏和中美国家间交往的两件事情，借此从感性角度来解释什么是中国国家主权不容一丝一毫侵犯。

新中国成立后到1958年，是中国与苏联关系最密切的时期。苏联给予了中国重要的经济、技术援助。① 1958年，苏联提出共建"长波电台"和"联合舰队"。这两件事引起了中共中央的高度重视和警

——————————

① 这里要补充一点，这种援助并非单方面的。从苏联的角度看，中国是苏联东部国家安全的战略屏障，强大的中国符合苏联的利益。另外，向中国出口机器、设备，苏联也能获得经济利益。

觉。在社会主义阵营中，面对共同的敌人，国家间进行合作是正常的，对双方都有利。但是，在合作中，必须以国家主权独立自主为前提。如果损害国家主权，中国宁肯不合作。关于"长波电台"和"联合舰队"的问题，毛泽东让苏联驻中国大使尤金向苏联领导人赫鲁晓夫转达中方意见。毛泽东说："要讲政治条件，连半个指头都不行。你可以告诉赫鲁晓夫同志，如果讲条件，我们双方都不必谈。如果他同意，他就来，不同意，就不要来，没有什么好谈的，有半个小指头的条件也不成。在这个问题上，我们可以一万年不要援助。"[①]

中国共产党维护中国国家主权，是绝对的，无条件的。

20 世纪 70 年代初，中美关系出现缓和契机。1972 年 2 月，美国总统尼克松访华。在访华前一个月，美国总统国家安全事务副助理黑格率领工作人员先期来到中国，为尼克松总统访华做准备。中美关系解冻是改变国际关系的历史性事件。尼克松总统高度重视此次访华，要求对全程进行实况直播，让美国国内民众看到这个历史性时刻。在尼克松访华时，有大批记者随行，他们也要通过通信卫星向国内进行详细报道，美国政府白宫发言人齐格勒请中国政府给予方便，周恩来同意了美方的请求。当时中国没有通信卫星，周恩来请美方帮助中国租用通信卫星，并在转播技术方面进行协助。齐格勒告诉负责接待的熊向晖，通信卫星租金很贵，在尼克松总统访华的 8 天时间里估计需会高达 100 万美元。美国政府已经准备了卫星终端站，中方只需要在北京、上海、杭州修建地面工程即可，费用由美国承担。美方主动把租用通信卫星的事情承担起来，中国能节省一大笔费用。熊向晖非常

---

①《毛泽东文集》第七卷，人民出版社 1999 年版，第 391—392 页。

高兴，立即向周恩来汇报，没想到受到周恩来严厉批评。周恩来说："让你商谈租用，你一听100万美元就想缩头。这不是花多少钱的问题，这是涉及我们主权的问题，在主权问题上绝不能有丝毫含糊。"① 在中国的领土上，通信卫星的转播权必须归中国所有！这是国家主权。

周恩来让熊向晖转告齐格勒，请他负责为中国政府租用卫星终端站，在租用期间卫星终端站的所有权属于中国政府。美国方面事先向中国政府申请使用权，中国政府将予以同意。中国政府向美方收取使用费。租用费和使用费都要合理，中国不做"冤大头"。经过周恩来这样一安排，中国维护了主权，而100万美元租费实际上仍旧是美方负责。齐格勒听了熊向晖转达的周恩来的指示后惊讶地说："我很佩服你们的精明，更佩服你们处处注意维护中华人民共和国的尊严。周恩来总理是世界上罕见的、令人衷心敬佩的伟大的政治家和外交家。"②

越是捍卫国家主权和尊严，越能赢得尊严。

中国共产党人坚持国家主权，独立自主，不依附于任何大国，不屈从于大国压力，也不与任何大国结盟，在国家主权问题上，寸步不让，绝对不拿国家主权做交易。

二、反对霸权主义，维护世界和平

在与某些大国的关系中，中国捍卫主权，坚持独立自主。在霸权

---

① 熊向晖：《难忘周总理的一次教诲》，《党史博览》2021 年第 7 期。
② 熊向晖：《难忘周总理的一次教诲》，《党史博览》2021 年第 7 期。

国家主宰的国际政治经济秩序中，中国要捍卫主权，就要反对霸权国家，反对不合理的国际政治经济秩序，反对霸权国家对小国实施的各种霸权行径。

现在的国际政治经济秩序是不平等、不公正的国际政治经济秩序，它以西方霸权为中心制定国际规则，这些规则以及相关机构、组织维护的是西方霸权国家的利益。同时，西方国家以科技、信息传播、经济、金融、军事、文化优势维护霸权、推行霸权，扩张这种不平等的政治经济秩序。不平等的国际政治经济秩序的扩张，最突出的一点，就是西方国家要求发展中国家走西方的现代化道路，移植西方的社会制度，以此来"西化"全世界。这种"西化"不是使世界共同繁荣，而是将不平等的国际政治经济秩序"全球化"。如果有国家敢于抗争，霸权国家就会以各种名义，利用各种手段，打击、制裁这些国家。

霸权主义是战争的根源。一国独霸时，会推行单边主义，任意欺凌弱小国家，甚至直接采用军事手段侵略小国。大国争夺霸权时，它们会争夺地缘战略要地，争夺重要原材料产地的控制权，扶植代理人，由此造成地区国际形势紧张，导致在国家间或者一个国家内爆发冲突和战争。

这里，还要特别指出一点，西方文化是西方霸权的重要支撑，也就是所谓的"软力量"。它最大的功能，就是把西方的霸权行径说成是正义的。在西方殖民主义扩张时期，就产生了为西方殖民扩张辩护的理论。概言之，这种理论以某种标准将世界划分为"文明"和"野蛮"两个部分，西方是文明的，其他国家和民族是野蛮的，西方国家必须承担起以"文明"开化"野蛮"的"历史使命"。这种理论最突出的特征就是将文明划分等级，以"文明"者为中心，将一切权利划归所谓的"文明"者，无视、剥夺所谓"野蛮"者的权利，忽视其自主性和能力。对于国际规则，"文明"国家之间要相互遵守，但"文明"国家对"野蛮"国家则不受这些规则制约。并且，它们关于"文明"的标准也不断演化，包括是否信仰某种宗教、理性的发展程度、社会发展阶段等。今天，它们关于"文明"的标准仍是西方的自由市场制度和民主制度。霸权国家的"使命"是帮助世界实现"自由"和"民主"，而且，在这个过程中，可以不受国际法的限制。这给霸权国家的霸权行径提供了"道义"依据。

中国社会主义现代化建设需要和平的国际环境。因此，中华人民共和国成立后，不管国际形势如何变幻，都坚持独立自主，坚决反对霸权主义。中国的反霸斗争可以分为以下三个方面：

第一，反对霸权国家的霸权行径。

中国反对霸权主义，不仅反对某些大国侵犯中国国家主权和干涉中国内政的行为，也反对某些大国侵略其他国家和干涉其他国家内政的行为。在这个问题上，中国不以意识形态划界，而是从是非曲直为根据。早在1964年，毛泽东在接见法国议会代表团谈话时就曾经这样说："不许世界上有哪个大国在我们头上拉屎拉尿……不管资本主义大国也好，社会主义大国也好，谁要控制我们，反对我们，我们是不允许的。"[1] 在这之后，党和国家领导人在不同场合一再表明这一点，申明中国反对任何国家搞霸权主义。

第二，反对不平等的国际政治经济秩序。

---

[1]《毛泽东文集》第八卷，人民出版社1999年版，第370页。

现代国际政治经济秩序以霸权国家利益为中心，或者说，是以西方发达国家的利益为中心。在这个秩序中，发展中国家的经济利益、政治权利受到损害。某些大国推行单边主义，一些与发展中国家利益攸关的国际事务，往往由几个发达的西方大国说了算。中国要维护国家主权和国家利益，就必须反对不平等的国际政治经济秩序，推动国际政治经济秩序合理化、民主化。毛泽东晚年提出的"三个世界"战略思想，就是要打破世界政治秩序中的美苏两极格局。1974 年联合国大会第六届特别会议上，中国明确提出反对霸权主义，支持建立国际经济新秩序。20 世纪 80 年代末，根据国际形势变化，邓小平提出以和平共处五项原则为基础，建立国际经济新秩序和建立国际政治新秩序。这一思想被写入党的十四大报告。21 世纪初，党中央提出构建和谐世界，这是中国推动建立国际政治经济新秩序思想的重要发展。

第三，独立自主，不结盟。

20 世纪 80 年代，根据我国发展的历史经验，党中央进一步发展独立自主和平外交政策。在中国与苏联结盟的过程中，由于两国国情不同、发展阶段不同、国家利益不同，形成了各种各样的矛盾。中苏关系破裂后，中国共产党领导层开始下决心独立自主，不再结盟。1972 年，在尼克松访华与毛泽东会谈时，尼克松一再暗示毛泽东，"找到共同点来建立一个世界结构""我们可以实现一个突破""我们在一起可以改变世界"。[1]尼克松所谓的一个"可以改变世界的世界结构"，应该是希望和中国建立某种形式的结盟。毛泽东避而不答，委婉地回绝了这一提议。1984 年时，邓小平指出："其他方式，如

---

[1] 熊向晖：《试析 1972 年毛泽东同尼克松的谈话》，《党的文献》1996 年第 3 期。

'大家庭'方式，'集团政治'方式，'势力范围'方式，都会带来矛盾，激化国际局势。"① 因此，20世纪90年代以来，中国在处理与其他国家关系时，积极构筑一种伙伴关系，对话而不对抗、结伴而不结盟，不针对第三方。在这种和平性、包容性和建设性的伙伴关系中，中国既能从国家利益出发，独立自主，又能广交朋友，为改革开放创造良好的国际环境。

三、 不称霸， 以平等态度对待小国

作为一个发展中国家，中国坚持独立自主，捍卫主权，不允许任何国家以任何理由干涉中国内政。这里说的任何国家，更多的是指霸权国家，指大国。同时，相对于很多发展中国家来说，中国又是一个大国。在近现代，中国曾一度饱受侵略和欺凌。在革命时期和建设时期，苏共和苏联一直存在着大党主义和大国主义，给中国带来过伤害。鉴于这些历史，中国己所不欲，勿施于人，坚持不称霸，以平等态度对待小国。

中华人民共和国成立后，很多国家对中国存在疑虑，即中国一旦强大，会不会称王称霸？中国共产党人在不同的历史时期，都给予明确答复：中国不会称霸。

1960年5月，毛泽东接见英国元帅蒙哥马利，蒙哥马利一再追问这个问题。蒙哥马利认为，历史教训是，当一个国家强大时，就倾向于侵略。蒙哥马利问毛泽东说："五十年以后中国的命运怎么样？那

①《邓小平文选》第三卷，人民出版社1993年版，第96页。

时中国会是世界上最强大的国家了。"毛泽东回答说："那不一定。五十年以后，中国的命运还是九百六十万平方公里……如果我们占人家一寸土地，我们就是侵略者。"① 毛泽东明确告诉蒙哥马利元帅，中国不会称王称霸搞侵略。

中国不称霸，一是由中国的社会主义性质决定的，二是由于中国文化。中国古代强盛的王朝，一旦为了野心扩张，往往耗费国力，最后走向衰落和灭亡。好战必亡，忘战必危，是中华文化中积淀的深刻的智慧。

二战后，原来的殖民地与半殖民地国家纷纷解放独立，逐渐构成了第三世界国家。在第三世界国家中，中国开辟了革命新道路，并开始探索社会主义现代化道路，很多国家领导人到中国来学习革命、建设的经验。在建设时期，在共同的反帝斗争中，中国对第三世界国家给予了大力援助。改革开放后，世界进入和平发展的年代，中国根据和平共处五项原则，坚持平等互利，积极与第三世界国家发展关系。对于第三世界国家，中国从来都是平等相待，尊重其主权，维护其尊严，从不居高临下、盛气凌人，即使是在建设时期对第三世界国家给予大力援助的情况下，中国依然不强加于人。

这里仅举两个小例子。1968 年，我国援外某工程移交问题的请示报告中有这样一段话："举行移交仪式时，应大力宣传战无不胜的毛泽东思想，说明我们援 X 修建 XXXX 工程的成绩，是我们忠实地执行伟大领袖毛主席关于国际主义教导的结果，是伟大的毛泽东思想的胜利。"毛泽东审阅时，删去了这段话，并批示说："这些是强加于人

---

① 《毛泽东文集》第八卷，人民出版社 1999 年版，第 189 页。

的，不要这样做。"① 同年，缅甸共产党中央委员会要求在《人民日报》发表缅共武装斗争二十周年的声明，声明中涉及兄弟党对毛泽东思想的评价问题。毛泽东在请示报告上批示说："一般地说，一切外国党（马列主义）的内政，我们不应干涉。他们怎样宣传，是他们的事。我们应注意自己的宣传，不应吹得太多，不应说得不适当，使人看起来好像有强加于人的印象。"②

中国不称霸、平等对待第三世界国家的独立自主原则，被一代代共产党人传承、发扬、光大。

第二节 坚持走中国自己的路

坚持走中国自己的路，是中国共产党百年历史总结出来的重要经验，也是独立自主的重要内容。坚持走自己的路，就是从实际出发，把马克思主义基本原理和中国实践相结合，和中华优秀传统文化相结合，探索适合中国的发展道路。在探索中国道路的过程中，要借鉴各国发展的经验，但坚决反对教条化，不照搬，不套用。

一、俄罗斯经济改革的"500 天计划"

一个国家必须走适合自己的路，必须根据国情借鉴外国经验，不

---

① 《毛泽东文集》第八卷，人民出版社 1999 年版，第 430 页。
② 《毛泽东文集》第八卷，人民出版社 1999 年版，第 431 页。

能生搬硬套，否则，就会带来灾难性后果。在中国大革命时期和土地革命战争时期，当时的中共中央负责人盲目听从共产国际指挥，套用苏联革命经验，给中国革命带来了巨大损失。在建设时期，也是如此。再比如，苏联（和继承了苏联遗产的俄罗斯）改革机械套用西方经济学说，实施"休克疗法"，也给国家和人民带来巨大损失。

中国和苏联都是社会主义大国，在20世纪70年代末几乎同时开启改革进程。中国坚持从实际问题出发，摸着石头过河，进行渐进改革，在摸索试错中不断调整，取得了举世公认的改革成就。苏联经济改革，以及后来的俄罗斯经济改革，套用西方经济学理论，幻想在极短时间内建立西方教科书中的理想市场机制，结果导致经济崩溃，综合国力迅速衰落。其中，不能不提"赫赫有名"的"500天计划"。

1989—1990年，苏联部长会议主席雷日科夫曾提出一个渐进性的改革方案，希望用7—8年使苏联过渡到可调控的市场体制。但是，"可调控的市场"这个提法遭到市场原教旨主义者们的激烈批判，雷日科夫黯然辞职。与此同时，叶利钦当选俄罗斯联邦共和国最高苏维埃主席之后，与戈尔巴乔夫进行权力斗争。1990年7月，针对苏联政府的改革方案，叶利钦针锋相对地制定了一个向市场经济过渡的"500天计划"，主旨是要在俄罗斯联邦实行广泛的私有化和市场化。俄罗斯加盟共和国是苏联的主体，没有俄罗斯的支持，苏联政府的改革计划无法实行。为此，戈尔巴乔夫决定成立专家工作小组，以俄联邦方案为基础，制定一个全国私有化、市场化的"500天计划"。这一计划未能通过。1990年11月1日，俄联邦决定单独实行"500天计划"。苏联解体后，俄罗斯青年改革派领军人物盖达尔被任命为总理，负责推行"500天计划"。这种在极短时间内推行私有化和市场化的改革，被称为"休克疗法"，其结果是导致经济崩溃。

俄罗斯的"500 天计划"以实现乌托邦化的市场经济为改革目标，完全套用西方经济理论，可谓纸上谈兵。1990 年春，在雷日科夫领导的苏联政府专家组起草改革计划时，有两个青年经济学家起草了一份"400 天计划"提交给专家组，但长期从事实践工作的雷日科夫对这一计划根本没有兴趣。这份计划不知如何传了出去，被莫斯科郊区布特夫制砖厂厂长博恰洛夫得到。博恰洛夫将原计划延长 100 天，变成了"500 天计划"。雷日科夫不无讽刺地评价这一计划说："博恰洛夫计划的特点是离奇（恕我直言）的精确。计划准确得以小时以天计算。第 20 天，开始非国家化；第 30 天，工厂立即出售多余设备；第 20—40 天，出售固定资产、集体农庄及国营农场土地和工业企业；第 20 天到第 50 天，取消国家对企业的补助和津贴。如此等等，不想一一列举。"① 苏联在酝酿经济改革的同时，也在匆匆忙忙地进行政治体制改革。在俄联邦政府首脑选举中，选举人都没有进行充分准备，没有提出明确的施政计划，这个"500 天计划"正好给叶利钦提供了一个经济改革方案。这个方案后来成了青年改革派盖达尔的俄罗斯经济改革方案。

不管"500 天计划"的出台和被采用在今天看来何等离奇，但它折射出当时苏联、俄罗斯的经济体制改革领军人物的一个基本思想：打碎计划经济，建立理想的市场经济，使经济爆发活力。

在 20 世纪 90 年代初，来中国进行学术交流的俄罗斯学者提出过这样一种观点，即俄罗斯改革的困难在前面，中国改革的困难在后

---

① 尼·雷日科夫著、王攀等译：《大动荡的十年》，中央编译出版社 2006 年版，第 450 页。

面。其大意是说，俄罗斯用"休克疗法"进行私有化、市场化改革，导致经济"休克"，遇到极大困难。但是，一旦市场机制建成，整个经济体就会爆发活力，凭借苏联的基础，俄罗斯经济会迅速起飞。中国进行的渐进式改革，没有形成完美的市场机制，这种改革短期容易快速发展，但市场机制的问题被不断积累，有可能最后会积重难返。俄罗斯经济学家的观点是否正确，历史已经给出了答案。

这种观点实质上是把西方理论经济学的市场模型理想化，并且俄罗斯在经济改革中套用了这种模型。

俄罗斯青年改革派的领军人物盖达尔的观点正是如此。他在俄罗斯实行了"休克疗法"，希望用最短时间实现市场化改革，希望彻底清除计划经济体制，然后在清理干净的地基上建造市场经济。这位毫无经济管理经验的经济学家推行的"休克疗法"，最终使俄罗斯经济走向了崩溃。当沦为赤贫的人在商业街上拿着几盒烟、罐头和小孩的旧衣服进行交换时，盖达尔欣喜地发现，"在这里终于出现了俄罗斯市场经济诞生的证明"[1]。

盖达尔忘了一个最基本的事实：早在 19 世纪初，随着西方资本主义走向帝国主义并在世界范围内拓展其势力范围，落后国家的传统农业社会纷纷解体，但在外来资本主义的掠夺下，这些国家无法真正走上西方发达资本主义曾经走过的道路，这才出现了苏联、中国式的社会主义赶超型发展模式。

盖达尔居然想凭空建立市场经济，把俄罗斯的未来寄托在这个空中楼阁上，并为其萌芽而激动不已！

---

[1] 克里斯蒂娅·弗里兰著，刘卫、张春霖译：《世纪大拍卖：俄罗斯转轨的内幕故事》，中信出版社 2004 年版，第 33 页。

对此只能一声叹息！

二、 中国共产党坚持一切从国情出发

在革命斗争中，中国共产党人认识到，中国的革命（和建设），必须从实际出发，走中国自己的道路。在革命时期，毛泽东把马克思主义与中国实践相结合，从中国是一个落后的农业国的实际情况出发，避开敌人力量较强的城市，在农村开辟革命根据地，不断发展壮大力量，走出了一条以农村包围城市的革命道路。在建设时期，毛泽东坚持从国情出发，探索适合中国的社会主义道路。在这个过程中，由于历史局限性，我们出现了失误，甚至严重错误，但坚持走中国自己的路的大方向是正确的。在改革时期，邓小平提出，根据中国底子薄、人口多、耕地少的国情，中国必须"走出一条中国式的现代化道路"①。在不断探索中，中国共产党开辟出一条社会主义初级阶段的中国特色社会主义道路，对内改革，对外开放，走向世界。

反对任何形式的教条主义，坚持一切从实际出发，从国情出发，是马克思主义认识论和辩证法的要求。

马克思主义的认识论认为，认识是主体对客体的能动反映。当主体的认识与客体相符时，这个认识就是正确的，或者说，就是真理。就人的认识而言，真理是绝对性和相对性的统一。所谓绝对性，就是人的主观认识反映了客观实际，与客观实际相符合。所谓相对性，就是指人的认识是在一定的历史条件下产生的，有着一定的局限性。这

---

① 《邓小平文选》，人民出版社 1994 年第 2 版，第 163 页。

种局限性，从主观方面来说，包括整个社会的知识水平、科学仪器、材料收集整理等因素；从客观方面来说，包括人类交往的程度、事物内在矛盾暴露的程度等。因此，当人类社会向前发展时，社会出现新的因素，科技发展为人类提供新的认识工具，新的认识经验不断积累，人类就会超越前人，对同样的事物形成新的认识。① 过去的理论会被超越，但是，并不能否认原来的理论是特定历史条件下的正确认识。因此，在理论指导实践时，必须认识到这种理论的相对性，认识到它所受到的各种限制，绝对不能把这种理论绝对化，认为它能放之四海而皆准。

在中国革命中，教条主义就是把苏联革命的经验和理论教条化，忽视其相对性，将其套用于中国革命。毛泽东的《实践论》和《矛盾论》分别从唯物主义认识论和辩证法的哲学高度，对教条主义进行了彻底批判。

在《实践论》中，毛泽东提出："通过实践而发现真理，又通过实践而证实真理和发展真理。从感性认识而能动地发展到理性认识，又从理性认识而能动地指导革命实践，改造主观世界和客观世界。实践、认识、再实践、再认识，这种形式，循环往复以至无穷，而实践

---

① 这里还要强调一点，就是社会科学不同于自然科学的特征。社会科学的认识对象是社会的矛盾和规律。在认识社会矛盾和规律的基础上，人类可以推动社会发展。但是，社会科学与自然科学不同，自然科学认识在其适用范围内是不变的，社会科学则不然。社会科学应用于社会时，它会通过改变社会的结构来改变社会矛盾和规律，从而使原来的理论"失效"。原来的理论并非错误，而是通过实践进入社会，形成了新的社会。因此，社会理论必须发展，去反映新的社会矛盾和规律。20 世纪以来，很多理论家认为，马克思主义预言的资本主义灭亡没有出现，所以，马克思主义错了。这些思想家的错误就是没有看到社会科学的特征。马克思好像是医生，诊治资本主义病症，找到资本主义病理。西方国家根据马克思揭示的病理，对资本主义进行救治，使资本主义获得了一定的活力。马克思主义所揭示的一部分真理已经转化为现代资本社会的一部分，如国家调控、工人福利。根据这一社会发展断言马克思主义揭示的资本主义运行原理是错的，这种观点本身就是错的。反之，忽视资本主义新发展，认为运用马克思主义原来的具体结论就可以解决当代问题，也是错误的。

和认识之每一循环的内容，都比较地进到了高一级的程度。这就是辩证唯物论的全部认识论，这就是辩证唯物论的知行统一观。"① 因此，要真正正确认识中国革命，就首先要投入到中国革命的实践中，去了解中国的国情。离开中国实践，照搬外来理论，违反了马克思主义认识论。

在《矛盾论》中，毛泽东通过系统地论述马克思主义的矛盾观，得出了具体问题具体分析的科学结论。矛盾具有普遍性，它无时不在，无处不在。矛盾是事物发展变化的根据，存在于每一个事物中。世界是复杂的，有各种各样的矛盾。在这些矛盾中，有主要矛盾和次要矛盾。在每一个矛盾内部，又存在矛盾的主要方面和次要方面。事物是发展变化的。在发展变化的过程中，各个矛盾在变化，主要矛盾和次要矛盾、矛盾的主要方面和次要方面在不断变化，由此形成了事物发展的阶段性。矛盾又有特殊性。普遍性是指事物的共同点，特殊性是指一个事物不同于其他事物的质的区别。对于认识一个事物而言，仅仅把握矛盾的普遍性是不够的，还必须把握矛盾的特殊性。

毛泽东指出："由此看来，不论研究何种矛盾的特性——各个物质运动形式的矛盾，各个运动形式在各个发展过程中的矛盾，各个发展过程的矛盾的各方面，各个发展过程在其各个发展阶段上的矛盾以及各个发展阶段上的矛盾的各方面，研究所有这些矛盾的特性，都不能带主观随意性，必须对它们实行具体的分析。离开具体的分析，就不能认识任何矛盾的特性。我们必须时刻记得列宁的话：对于具体的事物作具体的分析。"②

---

① 《毛泽东选集》第一卷，人民出版社 2006 年版，第 296—297 页。
② 《毛泽东选集》第一卷，人民出版社 2006 年版，第 317 页。

毛泽东深刻地揭示了教条主义在认识论方面的思想错误。教条主义割裂了矛盾的普遍性和特殊性，离开特殊性强调普遍性，在获得了事物的普遍性认识之后，不知道研究具体的特殊事物。不研究具体的特殊事物，就无法深刻地认识普遍性认识。

因此，中国共产党人在坚持走中国道路时，坚持把马克思主义基本原理和中国实际相结合，从实际出发，实事求是，与时俱进，求真务实。

第三节　一切从国情出发的方法论

中国共产党人在从实际出发把马克思主义基本原理和中国实际相结合、坚持中国道路的历史过程中，形成了其特有的方法论。

第一，坚持马克思主义的基本原理和活的灵魂。

中国共产党百年历史的主题是中华民族的复兴。从社会形态而言，中国封建社会已经落后于时代。中国需要革命，需要现代化。欧美首先爆发资产阶级革命，是现代化的先发地区。苏联爆发无产阶级革命，是社会主义革命和建设先发地区。在革命时期，中国首先借鉴苏联革命经验。在建设时期，中国主要借鉴苏联社会主义建设经验。在改革时期，在社会主义基本制度基础上，中国开始借鉴西方现代化经验。中国共产党一直面对着如何面对这些历史经验的问题。

通过不断总结历史经验和教训，中国共产党形成了自己特有的方法论，即不固守马克思主义经典作家的具体结论，而是把握基本理论，掌握活的灵魂，将其作为分析具体问题的方法去认识国情，分析问题，找到答案。

在革命时期，毛泽东提出："使马克思主义在中国具体化，使之在其每一表现中带着必须有的中国的特性，即是说，按照中国的特点去应用它，成为全党亟待了解并亟须解决的问题。"① 在改革初期，就关于将毛泽东思想教条化、僵化的思想倾向，邓小平指出，不能迷信、不能照搬毛泽东思想的现成的结论，而是要把握毛泽东思想活的灵魂。他强调："实事求是，是毛泽东思想的出发点、根本点。毛泽东同志历来坚持要用马克思主义的立场、观点、方法来提出问题，分析问题，解决问题。马克思主义的活的灵魂，就是具体地分析具体情况。马列主义、毛泽东思想如果不同实际情况相结合，就没有生命力了。"②

因此，中国共产党人把马克思主义基本原理作为方法，分析整个时代，确定时代主题，根据中国社会基本矛盾，确定中国所处的发展阶段，由此提出时代任务，制定路线和方针。

第二，根据路线方针，制定相应政策，调动国家资源。

时代任务、路线、方针就是阶段性奋斗目标和前进道路。在实现目标的过程中，会出现各种各样的困难。中国共产党人根据现实情况，制定相应政策，调动一切可以调动的人力、物力、财力去解决问题。当原有的政策、规章制度不适合调动资源时，就以是否有利于实现历史任务为标准，改变政策，变革规章制度。抗日战争时期，中国

———————————

① 《毛泽东选集》第二卷，人民出版社 2006 年版，第 534 页。
② 中共中央文献研究室：《邓小平年谱（一九七五——一九九七）》（上），中央文献出版社 2004 年版，第 322 页。

共产党根据民族矛盾和阶级矛盾的变化，建立抗日民族统一战线，在革命政权形式上由工农兵苏维埃发展为"三三制"边区政府。在改革时期，为了加强经济活力，我国经济领域逐渐引入市场机制；与此同时，在政治领域，我国坚持四项基本原则，为改革提供政治保障。

中国的发展，是从实践出发，从问题出发，在解决问题中发展完善制度和机制，而不是单纯地从某种价值尺度、从某种理想的制度模式出发，不顾国情套用某种模式。为了解决实践问题，中国共产党人以实践为基础，借鉴各种经验，融汇古今中外经验，为中国的发展所用。

第三，坚持人民智慧和顶层设计的有机结合。

在一定意义上，人民群众的愿望最深刻地反映着国情。在坚持中国道路、从实际出发的过程中，中国共产党坚持群众路线，发扬人民群众的首创精神。坚持群众路线，党的政策从群众中来，到群众中去，在群众中不断完善。党的路线、方针和政策体现了人民群众的真实意愿和智慧。在革命时期，各个根据地在孤立的情况下，依靠人民，根据各自条件，创造出多种多样的斗争方式。这些斗争方式经过经验总结，形成党中央的政策，向整个党和各个根据地推广。改革时期的联产承包、基层民主发展，都是人民智慧和顶层设计的有机结合。

第四，试点先行：巨变与渐进相结合。

治大国如烹小鲜。大国国情复杂，国家治理必须慎之又慎。但是，中国又必须追赶西方国家，必须进行翻天覆地的变革。面对这种矛盾，中国共产党将巨变与渐进相结合，形成了试点先行的发展模式。在战争时期，解放军某部的胜利经验，经过总结，会迅速在全军推广，极大地提升了解放军的战斗力。在建设和改革时期，党中央高度重视试点，先是根据发展需要，在涌现出先进典型的地方总结经验，进行小范围推广，继而再总结经验，在相对成熟时扩大试点范围，最后向全国推广。

在改革时期，俄罗斯推行"500 天计划"，要在短期内彻底建立市场机制。中国则坚持循序渐进，不管哪个领域的改革，先搞试点，搞"试验田"，积累经验，逐步推广。以我国的对外开放为例。1980年，我国先建立了 4 个经济特区，摸索经验。特区建设成功后，1984年，我国开放了 14 个沿海港口城市。在这之后，我国推动珠江三角洲、长江三角洲、闽南三角地区开辟沿海经济开发区，形成了对外开放经济带。可见，我国的对外开放是由点到线、由线到面的，这种渐进式改革给中国提供了试错调整空间，使中国能够很好地掌控巨变的节奏。

中国共产党坚持走中国自己的路，一切从实际出发的方法论，值得认真研究和进一步总结。

第四节　以自己的力量为基点，
自力更生为主，争取外援为辅

内因是事物发展的根据，外因是事物发展的条件。坚持独立自主，就要坚持以自己的力量为基点，不断提升自主能力。中国在发展中，必须坚持自力更生为主，争取外援为辅，不断发展壮大自己的力量，同时要尽最大努力争取外援，但不依赖外援。外援必须有益于发展、壮大中国的自主力量。

一、 有外援的国民党和没有外援的共产党

在抗日战争时期，中国虽然贫弱，但却是一个大国，苏、美、英、法等国要借助于中国的力量来抗击日本帝国主义。蒋介石南京政府在国际上代表中国，国民党掌握着数量庞大的军队和经济资源。中国共产党领导的陕甘宁边区，地处西北，八路军和新四军兵力较弱。各国援助抗战的物资，还有海外华侨的捐赠，源源不断地流向蒋介石领导的国民政府，中国共产党领导的边区政府和军民所得极少。然而，到了抗战末期，国共双方却呈现出完全相反的情况。

在抗日战争中，外国援助中国的运输线有四条。第一条是以兰州为枢纽的西部交通线。1938 年至 1940 年，苏联援助了中国大批的武器和军用物资。第二条是从越南的海防港到昆明的滇越铁路。海外华人、其他国家支援的物资、商贸货物由海防上岸，通过广西运往昆明。1940 年，日本逼迫法国政府关闭了这条运输线。第三条是滇缅公路。1938 年，为了避开日军的威胁，20 万中国劳工，其中大多数是老人、妇女和孩子，在崇山峻岭间修建了一条公路，从昆明直通缅甸首府仰光。在抗日战争初期，军队的武器、维持经济运行的物资、中国不能生产的各种物资，都依靠这条公路运输进来。1942 年 8 月，缅甸失陷，滇缅公路被截断。第四条是美国开辟的从印度飞越喜马拉雅山的空中运输线，被称为"驼峰航线"。

　　九一八事变后，日本的侵华野心已昭然若揭。抗日战争全面爆发前，国民政府也制定了战备计划，但大多停留在纸上。抗日战争全面爆发后，我国东部沿海工业匆匆西迁，损失惨重。重庆大后方地区工业薄弱，难以支持抗日战争，国民党抗日极度依赖外部援助，尤其是兰州运输线、滇越铁路、滇缅公路被截断后①，大后方本来弱小的工业受到沉重打击。1942 年，大后方的工业新开办的厂家为 1138 家，1943 年为 1049 家，到 1944 年则为 549 家。② 重庆大后方失去外援，陷入极大困境。

　　陈克文在 1935 年至 1948 年，一直任国民党政府行政院参事，属于中央政府中级官员。他在日记中记录了抗日后期国民党政府面对经济困难束手无策的窘境。下面，摘引他 1944 年的几则日记：

　　静女来信，昆明猪肉每斤已售一百卅余元，猪肝二百二十余元。物价如此狂涨……现在重庆猪肉每斤五十五六元，猪肝九十元，其他物品均不断涨价。③

　　又考试院长戴季陶因请救济公务员生活，签呈蒋主席，原签被批"可耻"两字发还。④

　　午前到交通部访章笃臣先生，谈一小时。下午来客四人，耗应酬时间不少。晚间铸秋邀作陪客，肴馔殊丰富。

　　盐已由每斤十五元突涨至卅八元余（公卖价格），猪肉及燃料均

----

① 三条运输线被切断后，美国只能依靠"驼峰航线"向重庆大后方空运物资，空运运力有限，并且其中一些物资还是专供美国在中国的空军基地。

② 费正清主编、刘敬坤等译：《剑桥中华民国史（1912—1949）》（下），中国社会科学出版社 1994 年版，第 768 页。

③ 陈方正编辑校订：《陈克文日记》，社会科学文献出版社 2014 年版，第 791—792 页。

④ 陈方正编辑校订：《陈克文日记》，社会科学文献出版社 2014 年版，第 793 页。

已大涨，物价问题愈见严重。①

清晨往牛角沱中央研究院办事处访李书华先生。李谈昆明教育界人士生活困苦情形，令人感慨万端。②

重庆的米已较战前涨价一千倍以上，其他日用必需品涨百倍或二三百倍不等。公务员及其他恃薪俸为生的人，真到了山穷水尽之势。朋友一见面，一开口即互相发叹，如何得了。③

郑道儒假铸秋寓请吃晚饭，席中均系行政院同事。厨子是有名的顾家厨（顾祝同的厨子），菜品有虾蟹、青鱼、鳅鱼、田鸡，都是目前不容（易）得的珍馐，耗费总在一万元以上。公务员生活虽苦，这种宴会也不是一般老百姓所能享受的。④

午饭后与公琰同乘铸秋车返龙井湾，买得西瓜一只回家。小孩子极为兴奋，因彼虽系五岁的小孩子，见西瓜，吃西瓜，尚系初次。现时西瓜一只约一百五六十元，战前可买三十担左右，故现时每年只能吃西瓜一只矣。⑤

行政院参事这样的中级官员生活已经如此，老百姓的生活就可想而知了。在陈克文1944年的日记中，政府一直都在商讨如何给公务人员加薪，人们都在发愁、不满、叹息，却没有一个人行动起来。虽然物资奇缺，政府部门却动辄宴请。

大后方如此，前线军队士兵的处境就更不用说。

---

① 陈方正编辑校订：《陈克文日记》，社会科学文献出版社2014年版，第794页。
② 陈方正编辑校订：《陈克文日记》，社会科学文献出版社2014年版，第796页。
③ 陈方正编辑校订：《陈克文日记》，社会科学文献出版社2014年版，第802页。
④ 陈方正编辑校订：《陈克文日记》，社会科学文献出版社2014年版，第818页。
⑤ 陈方正编辑校订：《陈克文日记》，社会科学文献出版社2014年版，第840页。

1944 年初，豫湘桂战役爆发。6 月，日军围攻军事要地衡阳，国民党军精锐部队 62 军奉命驰援。美国记者白修德记录了当时的情景：

三人之中有一人有一支步枪。其余的人搬着军需品、电话线、米袋和机关枪的零件……他们强壮而棕色，但是很瘦。他们的枪是老旧的，他们的草绿色制服是褴褛的，每个人腰上挂了两个手榴弹，每人颈项上围着一个蓝布的长袋，袋里塞了米，那是前线上唯一的口粮……他们的脚在草鞋子上破烂而肿胀。①

国民党军的精锐部队尚且如此，其他军队的装备就更难保障了。

中国共产党在抗日战争中得到的援助极少。1937 年至 1939 年，苏联大力援助中国抗日，仅援助华中作战的空军的物资就达 2.5 亿美元。② 而在整个抗日战争中，中国共产党"就没有直接从苏联得过一架飞机，一吨汽油，或者一箱弹药。所有从苏联来的援助都给了蒋介石……中国共产党是完全自食其力地在打仗"③。

但是，中国共产党领导的陕甘宁边区和抗日根据地却欣欣向荣。1944 年 7 月，"中国通"包瑞德上校率领美军观察组来到延安。观察组看到，原来贫瘠的陕北，"牲口繁殖，五谷丰登。中共士兵则较在中国其他任何地方所见的士兵'穿得好，吃得好，也更有精神'。延安'无抑制及镇压之感觉'。所以《纽约时报》的报道以'延安——中国奇迹地区之城市'为题"④。

中国共产党做到这一点的原因就在于，将抗战胜利立足于根据地

---

① 白修德、贾安娜著，端纳译：《中国的惊雷》，新华出版社 1988 年版，第 208 页。
② 白修德、贾安娜著，端纳译：《中国的惊雷》，新华出版社 1988 年版，第 270 页。
③ 白修德、贾安娜著，端纳译：《中国的惊雷》，新华出版社 1988 年版，第 270 页。
④ 黄仁宇：《从大历史的角度读蒋介石日记》（增订版），九州出版社 2011 年版，第 167 页。

军民自身的力量，自力更生为主，争取外援为辅。

二、 内因是根据， 外因是条件， 要立足于自身力量

在一定意义上，以自身的力量为基点，自力更生为主，争取外援为辅，是独立自主原则内涵和要义的关键环节。不管是坚持国家主权独立自主，还是独立自主探索中国道路，最终都要以发展国家的自主力量为目标。国家自主力量增强，更能坚持主权独立自主，坚持探索中国道路独立自主。以自身的力量为基点，自力更生为主，争取外援为辅，是国家提升自主能力的根本原则。

为什么要以自身的力量为基点，自力更生为主，争取外援为辅？

毛泽东从哲学的高度进行了有力的论证。毛泽东认为，事物内部的矛盾引起事物的运动和发展，是事物运动、发展的根本原因，事物外部的相互联系和相互影响也推动了事物的运动和发展，但这是第二位原因，"唯物辩证法认为外因是变化的条件，内因是变化的根据，外因通过内因而起作用"[1]。

一个身体健康的人，受了重伤，出血过多，在救治的过程中需要输血。输血有助于伤者恢复健康，输血之所以有作用，是因为伤者的机体是健康的，有造血功能。输血的作用是帮助伤者恢复血液流通正常，然后恢复身体健康。输血的作用是第二位的，伤者有机体的造血功能，或者说新陈代谢的生命力才是恢复健康的根本原因。输血必须

---

[1]《毛泽东选集》第一卷，人民出版社 2006 年版，第 302 页。

通过伤者机体的生命力发挥作用，反之，如果机体出现功能障碍，无法自己造血，仅靠不断输血，病人是无法康复的。

对于保持健康来说，一个人的内在生命活力是最根本的，外部药物治疗是第二位的，外部药物治疗要通过内在生命力发挥作用。同时，也要看到，当一个健康的人生病时，药物治疗很重要，不能忽视，要尽量找良药进行治疗。药物治疗的目标是使这个人恢复健康，摆脱药物，而不是形成药物依赖。

一个国家也是如此。一个国家最终要形成自主发展的能力，形成可持续发展的能力。在一定时期，它需要争取外部援助，创造有利的发展条件，增强自己的实力，夯实发展的基础。但是，如果完全依靠外援，国家就失去了自主发展的能力，就会成为大国附庸，从而失去可持续发展的能力。

近代以来，中国逐渐成为贫弱的半殖民地半封建社会，科技、经济、军事、金融、文化力量薄弱。不管是革命时期、建设时期还是改革时期，我国都面临着巨大的困难。外部援助对克服这些困难，推进中国的革命和建设具有重大意义。但是，中国首先要立足于发展自身力量，争取外援，但不依赖外援。

1935 年 12 月，面对日本帝国主义妄图把中国变成其殖民地的野心，毛泽东指出："我们中华民族有同自己的敌人血战到底的气概，有在自力更生的基础上光复旧物的决心，有自立于世界民族之林的能力。但是这不是说我们可以不需要国际援助；不，国际援助对于现代一切国家一切民族的革命斗争都是必要的……这是中国抗日战争和中国革命取得胜利的一个必要的条件。"① 在抗日战争全面爆发前，中国共产党已经明确自己的发展战略，立足于自力更生，同时努力争取外援。

在抗日战争进入艰苦的相持阶段时，毛泽东再次强调这一原则。在 1940 年的《论政策》中，毛泽东指出："我们的根本方针和国民党相反，是在坚持独立战争和自力更生的原则下尽可能地利用外援，而不是如同国民党那样放弃独立战争和自力更生去依赖外援，或投靠任何帝国主义的集团。"② 在"自力更生为主，争取外援为辅"思想的指导下，边区和各抗日根据地党政机关大力进行生产，自给自足。

中国共产党坚持"自力更生为主，争取外援为辅"的原则，领导陕甘宁边区和各抗日根据地军民依靠自己的力量奋发努力，在克服各种困难中，不断增强自身战斗力。这与国民党统治区死气沉沉的场面形成了鲜明对比。

中华人民共和国成立后，中国加入社会主义阵营，得到了苏联的经济和技术援助，尤其是在第一个五年计划时期，基本上照搬了苏联的经济建设经验。针对当时中国是在苏联帮助下完成社会主义革命的说法，毛泽东予以批驳说："主要是国内的因素。我们搞了二十二年的根据地政权工作，积累了根据地管理经济的经验，培养了一批管理经济的干部，同农民建立了联盟，从他们那里得到了粮食和原料。所

①《毛泽东选集》第一卷，人民出版社 2006 年版，第 161 页。
②《毛泽东选集》第二卷，人民出版社 2006 年版，第 765 页。

以，在全国解放以后，很快地进行和完成了经济的恢复工作。"[①] 在社会主义建设中，仍要"以自力更生、不依赖外援为原则"[②]。

改革开放后，邓小平一再强调抓住时机，争取外国先进技术和资金。但邓小平也一再强调，外援必须建立在自力更生为主的基础上。这一原则一直坚持到新时代。

三、 以发展、 壮大自己的力量为中心

一颗种子，种在土壤中，生根发芽，逐渐成长为一棵参天大树。松土、施肥、浇水，都是为这颗种子的生长服务，都是为增强其生命力服务。中国共产党的"自力更生为主，争取外援为辅"原则，也是如此，就是要立足自身，以不断发展、壮大自身的力量为中心。

在抗日战争中，毛泽东号召党员干部，破除一切干扰，放手发动群众，放手扩大八路军、新四军规模，放手创立抗日民主根据地，放手发动党的组织，放手开展民众运动，不断壮大革命力量。在抗日根据地遇到极大困难时，毛泽东号召军民，"自己动手，丰衣足食"，在各根据地开展大生产。在独立自主发展中，在与各种困难作斗争的过程中，中国共产党培养了军政人才，形成了各种组织，积累了物质资源，形成了强大的组织能力和战斗能力，形成了中国共产党强大的自主发展能力。在解放战争中，最初在经济、军事方面处于劣势的中国共产党，依靠这种自主发展能力，迅速打败了拥有美国援助的美式装

---

① 《毛泽东文集》第八卷，人民出版社1999年版，第117页。
② 《毛泽东文集》第八卷，人民出版社1999年版，第128页。

备的国民党军队。与此同时，国民党统治区的经济再一次崩溃，物价飞涨，蒋介石不得不一再向美国乞求援助。蒋介石下野后，继而登台的李宗仁，不得不再次乞求各国援助。

中华人民共和国成立后，中国共产党领导中国人民，仍旧立足于自身，从国家的长远发展出发，从未来的可持续发展出发，从增强国家的自主能力出发，进行中国社会主义现代化的建设和探索。

二战后，苏联在社会主义搞经互会，实行经济一体化和专业化。赫鲁晓夫曾经试探性地向毛泽东提出中国加入经互会的问题，毛泽东明确拒绝。毛泽东从国家安全和国家长远发展出发，指出："在国与国的关系上，我们主张，各国尽量多搞，以自力更生、不依赖外援为原则。自己尽可能独立地搞，凡是自己能办的，必须尽量地多搞。只有自己实在不能办的才不办。特别是农业，更应当搞好。吃饭靠外国，危险得很，打起仗来，更加危险。"①

在建设时期，中国从长远发展出发，从国家安全出发，从国家自主能力出发，艰苦奋斗，建立以重工业为中心的工业体系和完整的国民经济体系，研制"两弹一星"，建立"大三线"战备后方，牢牢掌握粮食和石油经济命脉，极大地提高了国家自主能力。

改革时期，中国实行对外开放，仍以立足自身发展、增强自身实力为目标，尤其是以提高工业技术、追赶世界先进水平为目标。为了实现这个目标，就要引进西方先进技术；引进先进技术，就要打破我国外汇储备瓶颈。针对这个问题，以邓小平和陈云为代表的国家领导

①《毛泽东文集》第八卷，人民出版社 1999 年版，第 128—129 页。

人，一方面积极支持引进先进技术，另一方面高度重视国家经济安全问题。1978年夏，在国务院务虚会期间，陈云对李先念、谷牧等国务院领导同志说："可以向外国借款，中央下这个决心很对，但是一下子借那么多，办不到。有些同志只看到外国的情况，没有看到本国的实际……不按比例，靠多借外债，靠不住。"① 邓小平对资本主义发达国家也有清醒的认识，他指出："从发达国家取得资金和先进技术不是容易的事情。有那么一些人还是老殖民主义者的头脑，他们企图卡住我们穷国的脖子，不愿意我们得到发展……必须在自力更生的基础上争取外援，主要依靠自己的艰苦奋斗。"②

因此，中国实行改革开放，创立特区，并非简单地融入国际经济体系，其中一个重要原因，是要出口创汇，获得引进先进技术的外汇，进一步提升我国工业现代化水平。随着工业的发展，我国工业面临进一步升级的任务，同时，我国人口多、资源少，导致重工业升级和农村劳动力转移会产生资金需求的矛盾。在这种情况下，我国开始利用剩余劳动力的优势，面向国际市场，在沿海地区大力发展劳动密集型产业，出口创汇，为重工业升级提供资金，由此形成了我国国际大循环发展战略。

在不同历史时期的发展过程中，我国都紧紧扣住立足于自身发展，不断发展自身，不断提高国家自主能力这一独立自主原则。中国不断发展国家自主能力，因而能够抵御各种国际风浪。在抵御国际风浪的过程中，中国又将挑战化为机遇，进一步增强了国家自主能力。

---

① 《陈云传》（下），中央文献出版社2005年版，第1473页。
② 《邓小平文选》第二卷，人民出版社1994年第2版，第405—406页。

第五节　不怕压，不信邪

中国共产党的独立自主原则，是在战胜各种艰难险阻中形成的。独立自主原则蕴含着一种大无畏精神，不怕压、不信邪、不怕鬼。为了维护中国人民的根本利益，中国共产党敢于面对任何强权的挑战，敢于争取胜利。这种大无畏的精神源自高度的民族自尊心和自信心。

一、　中国人民吓不倒

1961年2月，人民文学出版社出版了一本《不怕鬼的故事》。这本书里各种各样的人不怕鬼、战胜鬼的故事，是从古代志怪小说、笔记中精选出来的，每个故事千余字，短小精悍的故事。选编者是何其芳。

何其芳是中国著名文学家，当时是中国科学院文学研究所所长。事务繁忙的他为什么要编这样一本古代民间鬼故事集呢？

这本书看似简单，却有着深刻的时代背景。

《不怕鬼的故事》不是何其芳自己要编选的，而是毛泽东交给中科院文学所的重要任务。毛泽东想通过这本书，号召党员、干部和群众不怕鬼、不信邪。

在这本书酝酿出版时，国际上正在掀起一波反华浪潮。

抗美援朝以来，美国对中国进行经济封锁和禁运，又利用军事同盟对中国东部沿海形成半月形包围态势。1957年，美国想对台湾进行"划峡而治"，搞"两个中国"。1958年，中央军委发布命令，炮击金门，教训美帝国主义，打破其"两个中国"的阴谋，宣示中国对台湾的主权。苏联领导人虽然口头支持，但认为中国炮击金门是在制造国际紧张局势，不利于缓和美苏关系，破坏了其与美共同统治世界的企图。由此，中苏两党、两国矛盾加大。这一时期，印度也在西藏干涉中国内政，损害中国主权。

1959年5月6日，毛泽东、周恩来、陈毅在中南海紫光阁接见11个国家的访华代表团和这些国家的驻华使节。毛泽东等中央领导人要借此机会向世界表明中国对西藏问题和中印关系的明确态度。在周恩来和陈毅发言之后，毛泽东貌似闲谈，说起不怕鬼的故事，谈起不怕鬼的精神，以这种方式表明中国的严正立场。毛泽东说："世界上有人怕鬼，也有人不怕鬼。鬼是怕它好呢，还是不怕它好？中国的小说里有一些不怕鬼的故事。我想你们的小说里也会有的。我想把不怕鬼的故事、小说编成一本小册子。经验证明鬼是怕不得的。越怕鬼就越有鬼，不怕鬼就没有鬼了。……今天世界上鬼不少。西方世界有一大群鬼，就是帝国主义。在亚洲、非洲、拉丁美洲也有一大群鬼，就是帝国主义的走狗、反动派。"①

这就是编选《不怕鬼的故事》这本书的前因后果。

---

① 《毛泽东文集》第八卷，人民出版社1999年版，第51页。

1959 年开始，苏联不断给中国施压，撤走专家，撕毁合同，索要债务，在社会主义阵营国际会议上对中国进行有预谋的政治围攻。1962 年，在美国支持下，蒋介石派敌特侵扰东部沿海地区，要"反攻大陆"；印度在中印边境搞蚕食，侵犯我国领土。国际上掀起一股反华浪潮。这一时期，中国共产党由于建设经验不足，搞"大跃进"贪大求快，违反经济发展客观规律，造成了极大的经济损失。中华人民共和国进入历史上一个严重困难的时期。

在严峻的国际形势下，毛泽东再次提出"不怕鬼"。毛泽东亲自审阅何其芳编选的书稿，提出修改意见。何其芳根据毛泽东的意见，增选故事，充实内容，修改序言，阐明在当时历史条件下"不怕鬼"的真正意义。何其芳还根据毛泽东的意见，在《不怕鬼的故事》的序中着重指出，要不怕鬼，但要重视鬼、研究鬼，这样才能战胜鬼。毛泽东再次审阅《不怕鬼的故事》的序后，在多处加写，其中有一句是："难道我们越怕'鬼'，'鬼'就越喜爱我们，发出慈悲心，不害我们，而我们的事业就会忽然变得顺利起来，一切光昌流丽，春暖花开了吗？"[1]

《不怕鬼的故事》出版后，成为党政干部思想教育的重要阅读图书，对于全党坚定克服困难的信心，起到了积极的作用。

毛泽东所倡导的"不怕鬼"的精神，本质上就是独立自主精神。坚持独立自主，就要有敢于面对任何强大的敌人、敢于战胜强大敌人的精神。这也是为什么毛泽东高度重视《不怕鬼的故事》这本书的原

---

[1] 中共中央文献研究室：《毛泽东年谱（一九四九——九七六）》（第四卷），中央文献出版社 2013 年版，第 529 页。

因。出版《不怕鬼的故事》，实际上是一次生动活泼的独立自主精神教育活动。

中国共产党的百年历史洋溢着这种不怕压、不信邪、不怕鬼的精神。1927 年蒋介石发动反动政变后，军事力量较弱的中国共产党毅然开始武装斗争。秋收起义失败后，毛泽东敢于率领千余人开辟根据地，进行推翻国民党反动派的斗争。抗日战争时期，中国共产党面对共产国际和国民党的压力，面对强大的日本帝国主义，敢于开展独立自主的抗日武装斗争。抗日战争胜利后，面对有美国支持、军事和经济力量强大的蒋介石政权，中国共产党敢于进行解放战争，并战而胜之。中华人民共和国成立不足一年，朝鲜内战爆发，战火烧到鸭绿江，在苏联没有答应出动空军支援的情况下，以轻步兵为主的中国人民志愿军面对占据海陆空全面优势的美国军队，抗美援朝，保家卫国，并且把以美国为主的"联合国军"牢牢焊死在"三八线"上。20 世纪 60—70 年代，苏联在中国北部边境陈兵百万，美国在东部进行封锁，在这种情况下，中国敢于与两个超级大国进行斗争，并通过坚决斗争，改变了"大三角"格局，打开了有利的国际局面。

改革开放以来，中国所面对的国际环境相对有利，但也有危及国家安全的严峻时刻。在关键时刻，党中央继承和发扬不怕压、不信邪、不怕鬼的精神，与西方霸权国家进行坚决斗争。1989 年，我国国内发生重大政治事件。在国际上，东欧剧变，继而苏联在 1991 年解体。西方国家趁机对我国进行经济制裁和政治封锁，力图以压促变，颠覆我国社会主义制度。以邓小平同志为核心的党的第二代领导集体和以江泽民同志为核心的党的第三代领导集体以大无畏的精神，对于可能出现的侵略和长期封锁，沉着应对。

1989年9月4日，邓小平在同几位中央负责同志谈话中指出："要维护我们独立自主、不信邪、不怕鬼的形象。我们绝不能示弱。你越怕，越示弱，人家劲头就越大……战争我们并不怕。我们分析世界大战打不起来，真打起来也不怕。谁敢来打我们，他们进得来出不去。中国有抵御外敌入侵的丰富经验，打垮了侵略者，我们再来建设。"① 对于封锁和制裁，邓小平指出："中国人民不怕孤立，不信邪。不管国际风云怎么变幻，中国都是站得住的。"② "中国的特点是建国四十多年来大部分时间是在国际制裁之下发展起来的。我们别的本事没有，但抵抗制裁是够格的。所以我们并不着急，也不悲观，泰然处之……中国度量是够大的，这点小风波吹不倒我们。"③

在中国共产党以不怕压、不信邪、不怕鬼的精神进行坚决斗争的情况下，以美国为首的西方不得不解除对中国的封锁。

正是因为中国共产党不怕压、不信邪、不怕鬼，敢于斗争，善于斗争，在百年历史中，中国才能够取得站起来、富起来的伟大成就。

二、民族自信心和自尊心

独立自主原则的精神底蕴是民族自尊心和自信心。

---

① 《邓小平文选》第三卷，人民出版社1993年版，第320页。
② 《邓小平文选》第三卷，人民出版社1993年版，第329页。
③ 《邓小平文选》第三卷，人民出版社1993年版，第359页。

　　坚持独立自主原则，就要坚持国家主权神圣不可侵犯，坚持国家内政不容干涉，坚持走中国自己的路，坚持探索自己的路，坚持立足于自身进行建设，自力更生为主，争取外援为辅，就要不怕压、不信邪。而所有这些的精神前提，就是对中华民族的自信心和自尊心，就是相信中华民族可以战胜任何强大的敌人，中华民族可以依靠自己的聪明才智找到适合中国的发展道路，中华民族可以在以我为主的基础上，吸收借鉴外部的优秀文化，实现中华民族的富强。总而言之，别人能做到的事，我们也能做到，而且能做得更好。

　　西方经过工业革命，资本主义从商业资本主义向工业资本主义迅速发展。作为一种更高的社会形态，西方在科学、技术、工业、军事、金融、文化等方面全方位领先于中国，导致一些人仰视、崇拜西方（包括苏联），产生民族自卑感，认为中国样样不如人。他们认为之所以中国样样不如人，是中国的文化不如人，中国的人种不如人。

　　要实现中国共产党的革命纲领和历史使命，就必须打破这种民族自卑感，提高民族自信心和自尊心。

　　中国共产党领袖高度重视增强民族自尊心和民族自信心，把它们视为必须具有并且要不断提升的精神力量。

　　毛泽东在 1935 年 12 月第一次明确提出自力更生时这样说道："我们中华民族有同自己的敌人血战到底的气概，有在自力更生的基础上光复旧物的决心，有自立于世界民族之林的能力。"[1] 毛泽东的话

————————

①《毛泽东选集》第一卷，人民出版社 2006 年版，第 161 页。

中，洋溢着民族自豪感和民族自信心。

建设时期，毛泽东在论述十大关系时，针对党内迷信苏联、不自信的思想倾向批评指出："有些人做奴隶做久了，感觉事事不如人，在外国人面前伸不直腰，像《法门寺》里的贾桂一样，人家让他坐，他说站惯了，不想坐。在这方面要鼓点劲，要把民族自信心提高起来，把抗美援朝中提倡的'藐视美帝国主义'的精神发展起来。"①

在这里，毛泽东把民族自信心提升到了国家发展的精神保障的高度来论述。

改革开放初期，随着国门打开，国内出现一股崇洋媚外的风气。邓小平在不同场合指出："必须发扬爱国主义精神，提高民族自尊心和民族自信心。否则我们就不可能建设社会主义，就会被种种资本主义势力所侵蚀腐化。"②

20世纪80年代末90年代初，在黑云压城的国际形势下，邓小平高度强调民族自信心。邓小平指出："中国人有自信心，自卑没有出路。过去自卑了一个多世纪，在中国共产党领导下站起来了。庞然大物吓唬人，中国人不怕。抗日战争打了八年，抗美援朝打了三年，我们有以少胜多、以弱胜强的传统……我相信，在外国的侵略和威吓面前，我们的人民不会怕，我们的子孙也不会怕。"③ 1989年10月31日，邓小平会见来访的美国前总统尼克松时指出，中美

---

① 《毛泽东文集》第七卷，人民出版社1999年版，第43页。
② 《邓小平文选》第二卷，人民出版社1994年第2版，第369页。
③ 《邓小平文选》第三卷，人民出版社1993年版，第326—327页。

关系的现状，责任在美国，中国是受损害一方，美国应该采取主动。邓小平把民族自尊心和国格摆到极高的位置。邓小平说："谈到人格，但不要忘记还有一个国格。特别是像我们这样第三世界的发展中国家，没有民族自尊心，不珍惜自己民族的独立，国家是立不起来的。"①

在百年历史发展中，中国共产党坚持弘扬民族自信心、民族自尊心，弘扬民族精神，进而大力弘扬爱国这一社会主义核心价值观。中国共产党人的不懈努力，为中国的独立自主提供了强大的精神力量。

①《邓小平文选》第三卷，人民出版社 1993 年版，第 331—332 页。

第三章

独立自主的历史作用

中国共产党领导中国人民奋发努力，取得举世瞩目的成就。在站起来、富起来、强起来的历史进程中，独立自主原则发挥着极其重要的历史作用。一个国家要独立自主，不仅要有独立自主的意愿，还要有独立自主的实力。不管是坚持独立自主的外交政策、坚持探索适合中国自己发展的道路，还是自力更生、艰苦奋斗发展自己的力量，最终都要转化为国家自主能力，使国家能够在命运攸关时刻掌握自己的命运。独立自主的历史作用就在于此。改革开放以来，我国经济腾飞，人民生活水平迅速提高。这给很多人带来一种错觉，似乎只要一搞市场经济，一打开国门，一参与世界经济分工，中国就会水到渠成似的富起来、强起来。但是，实际并非如此。在20世纪70—80年代，就在中国经济起飞的同期，绝大多数发展中国家却挣扎在"石油危机""粮食危机"和"债务危机"所带来的冲击中，国力雄厚的社会主义国家苏联和一些东欧社会主义国家的改革开放以失败告终。这里的关键就在于一个国家抵御国际风险的自主能力。

第一节　1973 年以来的三大危机和发展中国家的"大分流"

1978 年，党的十一届三中全会确立了以经济建设为中心的政治路线，开启了改革开放的历史进程。改革开放的成果是巨大的，"中国的产出在 20 年中增加到原来的 4 倍，生活水平提高到原来的 3 倍。1992 年，中国的发展速度超过了世界上第二大经济体日本……中国的出口在 20 年中从 100 亿美元以下增加到 1700 多亿美元……中国和印度的对比特别鲜明。在 20 世纪 70 年代末，两国的人均产出大体持平，但是在 2000 年，中国的人均产出是印度的两倍"[①]。现在，中国已经成为世界第二大经济体，国内生产总值超过日德英法的总和。

由于改革开放的巨大成就，人们已经习惯于把"改革""开放"与经济社会高速发展画等号。但是，如果回顾历史，就会发现并非如此。

1979 年 8 月中旬，坦桑尼亚总理爱德华·索科伊内黯然地对研究非洲经济问题的法国学者勒内·杜蒙说："他们将会卡住我们的脖子。"[②] 这个"他们"指的是欧美发达国家。

---

① 杰弗里·弗里登著、杨宇光等译：《20 世纪全球资本主义的兴衰》，上海人民出版社 2009 年版，第 390 页。

② 勒内·杜蒙、玛丽－弗朗斯·莫坦著，隽永、纪民、晓非译：《被卡住脖子的非洲》，世界知识出版社 1983 年版，第 1 页。

1982 年 8 月 20 日，墨西哥宣布无力偿还即将到期的债务本息。阿根廷、巴西等拉美国家紧随其后，拉美债务危机爆发。

在中国改革开放时，苏联、东欧社会主义国家等社会主义国家也在进行改革开放，但它们的改革开放均以失败告终，经济社会遭受巨大挫折。实际上，1973 年后，亚洲、非洲、拉丁美洲国家都先后进行了"改革开放"，但是，大多数国家的现代化进程遭受了巨大挫折。同样是走向世界，参与全球经济，为何中国与大多数发展中国家的发展轨迹完全不同呢？如果回顾历史，就会看到，不管是学术界还是社会思想领域，或者是民间记忆，对于我国 20 世纪 70 年代中后期，人们的关注点是如何实现思想解放、如何摆脱极左干扰、如何将国家工作重心转向经济建设、如何打破计划体制的弊端和教条、如何利用国外先进技术和外资等问题。如果放眼其他发展中国家，就会发现，这些国家与中国不同，它们那时正在经受着先后而至的"石油危机""粮食危机""债务危机"的致命冲击。但是，这三大危机对中国却并未造成冲击，在中华人民共和国历史上几乎没留下痕迹。

中华人民共和国成立后，展开了规模宏大的以重工业为中心的社会主义现代化建设。与此同时，亚非拉等地区的发展中国家也都致力于现代化建设，而且取得较大成就。

经过工业革命，英国成为资本主义工业强国。世界的许多国家先后意识到，一个国家要生存、发展，就必须进行工业化，各国之间为了工业化展开了大博弈。20 世纪初，资本主义世界经济体系是以英国为中心的分工体系，"英国擅长管理投资，执掌世界银行和贸易系统，监督世界航运和通讯业。德国生产钢铁和化工制品，并为铁路、矿山、种植园和轮船公司制造重型设备。阿根廷、南非和澳大利亚利用英国资本和德国机器去开办新农场，开发新矿山，然后把原材料运往德国制造机器，部分收入寄回英国，作为投资取得的利息"①。经过第一次世界大战和 1929 年爆发的资本主义大萧条，英国主导的资本主义世界体系分崩离析。

以阿根廷、巴西为代表的拉美国家以农产品、肉类和矿产出口为经济支柱，资本主义世界经济体系的危机以及随后不久的战争使得这些产品的国际需求锐减，于是它们开始发展国内工业，自己生产工业品，以满足国内需求。土耳其、埃及、中国也不同程度地致力于工业化。第二次世界大战后，非洲、亚洲等殖民地的国家纷纷独立。这些国家饱受帝国主义殖民压迫之苦，于是开始努力推行工业化，希望建立独立的国民经济。它们的工业化借鉴了苏联的计划经济模式和拉美进口替代模式，从初级产品出口转变为国内工业生产，用本国产品代替进口产品，实行不同程度的国有化、贸易保护、为工业提供补贴和奖励等国家扶植政策。几乎所有这些发展中国家都取得了可喜的成绩，"尽管许多亚洲和非洲国家，甚至拉丁美洲国家，进口替代型工业化无可否认地做得有点过分，可是 20 世纪 60 年代相对说来都是它们的兴旺时期，经济增长，工业化全速向前，生活水平提高。进口替代看来是与民族政治独立相伴而来的经济成就"②。在这一时期，主要拉丁美洲国家达到了中等收入国家水平。

---

① 杰弗里·弗里登著、杨宇光等译：《20 世纪全球资本主义的兴衰》，上海人民出版社 2009 年版，第 20 页。

② 杰弗里·弗里登著、杨宇光等译：《20 世纪全球资本主义的兴衰》，上海人民出版社 2009 年版，第 294 页。

　　1973 年 10 月，第四次中东战争爆发。石油输出国组织宣布对以色列和支持以色列的国家实行石油禁运，暂停出口，国际石油价格暴涨，第一次石油危机爆发。这导致发展中国家发展趋势突然逆转。

　　1972 年，国际原油价格约为每桶 2 美元，石油危机爆发后，油价在 1974 年初暴涨到每桶 12 美元。1979 年，第二次石油危机爆发，国际油价最高暴涨到每桶 40 美元，虽然此后有所回落，但一直维持在 30 多美元。石油危机后，非产油国必须拿出原来 4 倍的外汇储备来购买石油。[①]

　　国际油价暴涨对没有石油生产能力的发展中国家的冲击是致命的。石油是现代工业的血液，是刚需。发展中国家中的非产油国不得不用原本打算进口技术、设备和发展农业的资金来进口石油，石油价格暴涨，这些国家的贸易赤字随之暴涨数倍。比如印度，据德国学者威廉·恩道尔提供的数据，印度 1973 年经济运行健康，1974 年有外汇储备 6.29 亿美元，如果按照原来的油价，印度只需要拿 3 亿美元进口石油，还剩下 3 亿多美元的结余，就可以用这笔钱进口技术、设备。但是，油价暴涨后，印度需要用 12.41 亿美元进口石油，突然间就从盈余 3 亿多美元变为有 6 亿多美元的赤字。[②] 这个缺口几乎等于它的全部外汇储备。因此，像印度这样的发展中国家就不得不大额度举借外债购买石油。

　　更糟糕的是，1974—1975 年，世界粮食大减产，粮价高企。很多发展中国家在推进工业化时，往往以牺牲农业为代价，这些国家又不

① 在国际石油价格变化中，有货币贬值因素。
② 威廉·恩道尔著，赵刚、牧野等译：《石油战争》，知识产权出版社 2008 年版，第 151 页。

得不举借外债进口粮食。其中，热带非洲的粮食危机最为突出："热带非洲粮食进口量越来越大：1960 年进口二百万吨，1970 年进口六百万吨，1976 年为一千万吨，到 1978 年增加到一千二百万吨。"①

与此同时，石油输出国组织将获得的巨额美元外汇存入欧美银行，形成庞大的过剩资本，要求寻找出路。欧美银行积极向陷于巨大困境的发展中国家，其中也包括东欧社会主义国家贷款，让他们来购买石油、粮食，形成"石油美元再循环"。欧美银行获得巨额利润，发展中国家则背负上巨额债务。

雪上加霜的是，石油危机引发了美国主导的资本主义世界体系中积累已久的矛盾，发达资本主义国家出现"滞涨"。发展中国家推进工业化所需要的技术、设备和工业产品价格高企，而它们的经济作物、矿产资源由于国际需求减少反而价格降低了。这些国家无法通过出口产品挣得美元来偿还债务，不得不借新债还旧债。当然，也有极少数产油国，如墨西哥、印度尼西亚，借助石油价格高企的机会，以石油收入为担保，大举借债，推进雄心勃勃的工业化计划。欧美银行也愿意向发展中国家的大国提供巨额贷款。

发展中国家忽视了一个非常重要的问题，即它们所获得的贷款约四分之三来自欧美私人银行，这些银行实行浮动利率。为了治理通胀，1979 年，英国撒切尔夫人政府把银行利率从 12% 提高到 17%。在这之后不久，美联储主席保罗·沃尔克把美联储短期利率从 10% 提高到 15%，最后提高到 20%。在这个利率之下，实体经济几乎无

---

① 勒内·杜蒙、玛丽—弗朗斯·莫坦著，隽永、纪民、晓非译：《被卡住脖子的非洲》，世界知识出版社 1983 年版，第 36 页。

法获得利润。欧美私人银行的商业贷款实行的浮动利率，与美联储基准利率挂钩，这样，发展中国家的债务暴增，"美国利率每上升一个百分点，就会使第三世界债务国一年多付 40 亿—50 亿美元利息"[1]。发展中国家的债务国掉入"债务陷阱"，不得不借新债来还旧债的利息。1982 年，墨西哥宣布无力还债。拉美国家掉入"债务陷阱"，印度、东欧的一些社会主义国家也都是债务缠身，热带非洲国家更是悲惨。

1973 年后，经过三大危机的冲击，曾经高歌猛进的发展中国家的工业化进程发生了"大分流"。拉美诸国为了解决债务危机，在世界银行的主持下进行"新自由主义改革"，即国家开放贸易，放松对银行的控制，出售国有企业，增加税收，削减开支，让本国经济"融入"到世界市场。抛开吓人的经济学名词，这种"改革"很好理解。你还不起债，甚至还不起利息，只能继续跟债主借钱还到期的利息和债。这时，债主就会要求你向家庭成员多收钱、卖家当、卖产业、节衣缩食来还债，债主还要进入你的优质产业，而且挣了钱可以自由地拿走。"新自由主义改革"是完全从债主的利益出发进行的改革。一个又一个陷入危机的发展中国家不得不接受这一套被称为"华盛顿共识"的"改革"，其中包括一些东欧社会主义国家。在经过"新自由主义改革"后，拉美国家经济起起落落，在中等国家位置上停步不前。东欧国家改革失败，成为西欧经济的边缘地带。热带非洲国家的境遇最为悲惨，它们的工业化彻底失败，国民经济解体，非洲成为战

---

① 杰弗里·弗里登著、杨宇光等译：《20 世纪全球资本主义的兴衰》，上海人民出版社 2009 年版，第 345 页。

争、冲突、疾病、饥饿的代名词。

　　然而，这一时期，三大危机对中国却几乎毫无影响，甚至可以说，它们成为中国改革开放的有利因素。由于大庆油田建成，1964年，我国已经基本实现石油及其产品自给自足。为了备战，中国不断加大石油勘探和生产力度。1973年，大庆油田原油产量比1970年增长50%。我国还先后开发了胜利、大港、任丘等油田。1978年，胜利、大港、克拉玛依、吉林四个油田年产油量2783.67万吨，任丘油田年产油量1224万吨。① 1973年，我国开始向日本出口原油。20世纪70—80年代，在油价高企的情况下，原油成为我国出口创汇最重要的产品，一度占出口创汇总额的四分之一。在计划经济时期，中国为了发展重工业，高积累，低消费，人民的生活水平很低，但是，中国的粮食基本能够自给自足。1975年，在外部发生粮食危机时，我国粮食大丰收，产量达5690亿斤，创历史最高水平，"四五"计划预定的指标超额完成。美国记者丹·摩根1979年出版《粮食大亨》一书，这个对世界粮食贸易及其相关的政治、外交问题颇有了解的作者这样评价中国："中国这个世界上人口最多的国家并没有依靠进口粮食……中国不存在饥饿问题。中国进口的粮食数量，比某些只有中国人口十分之一的国家进口的数量还要少。从这个意义来说，在反对全球性食品通货膨胀的斗争中，中国所做的任何贡献比世界上任何国家都要大。"② 还有一点非常重要，在绝大多数发展中国家（包括东欧社会主义国家）债务缠身时，中国既无外债，也无内债。在改革开放

---

　　① 当代中国研究所：《中华人民共和国史稿：第三卷 1966—1976》，人民出版社、当代中国出版社2012年版，第135—136页。

　　② 丹·摩根著、崔高壁等译：《粮食大亨》，对外贸易出版社1982年版，第443页。

之初，中国高层领导讨论的问题，不是还债，而是要不要向西方贷款。当时，邓小平在各种场合，一再强调要思想解放，打破"不借外债"成规，敢于利用国际贷款，学会利用国际贷款，抓紧大好时机利用国际贷款。

在绝大多数发展中国家的工业化、国民经济因三大危机而停滞、而倒退甚至崩溃时，中国进行改革开放，对内搞活，对外开放，异军突起，经济持续高速发展，与其他发展中国家的现代化进程形成鲜明对比。[①]

第二节　冷战特定历史条件下中国
独立自主的发展战略

1971 年，基辛格秘密访华。周恩来在与基辛格会谈时，谈起中国的备战说："最糟糕的情况是中国再一次被瓜分。你们可能联合起来，苏联占领黄河以北地区，你们占领长江以南地区，长江和黄河之间以东地区留给日本……我们准备打一场持久的人民战争，进行长期斗争直到取得最后的胜利。"[②]

对于可能发生的侵略战争，对于可能出现的极端困难局面，中国

---

① 与美关系缓和后，东亚地区经济迅速发展，如韩国和中国台湾、中国香港等。但是，这里要考虑到一个特殊条件：日本在二战前已经是工业化国家，韩国和中国台湾是冷战前沿的桥头堡，出于地缘政治考虑，欧美不会让三大危机冲击这些地区。

② 亨利·基辛格著、胡利平等译：《论中国》，中信出版社 2012 年版，第 247—248 页。

做好了充分准备。

世界上没有免费的午餐，某个时刻的意外之喜，往往源于以前的艰苦付出。

中国安然度过 20 世纪 70—80 年代给发展中国家造成巨大冲击的三大危机，并不是靠运气，也不是偶然的。在建设时期，在冷战的世界格局下，我国坚持以备战为目标的独立自主国家发展战略，形成了强大的国家自主能力，从而能够在国际政治、经济风云变幻中，稳稳地掌握自己的命运。这种独立自主的发展最突出地表现在以下几个方面：

第一，自力更生为主，争取外援为辅。

自力更生为主，争取外援为辅，是中国革命经验凝聚而成的智慧。在革命战争时期，中国共产党领导中国人民武装割据，以农村包围城市。革命政权最初都处于反动势力的围困、封锁中，中国共产党人在依靠自己的力量不断发展壮大中，形成了自力更生的革命传统。在社会主义建设之初，苏联为我国提供了重要的经济、技术援助和指导。对于当时党内出现的对苏联依赖和迷信的情况，1958 年 6 月，毛泽东在对第二个五年计划提要的批示中再次提到"自力更生为主，争取外援为辅"。对于中国社会主义革命和建设，毛泽东认为："国内的因素是主要的。已经胜利了的社会主义国家对我们的帮助，是一个重要条件。"[1] 中国社会主义建设首先必须立足于自身，在这个基础上尽最大努力争取外援，改善中国发展的条件，但不单方面依赖外援，更

---

[1] 中共中央文献研究室：《毛泽东年谱（一九四九—一九七六）》（第四卷），中央文献出版社 2013 年版，第 251 页。

不能牺牲国家独立来乞求外援。

第二，坚持建设独立、完整、现代的工业体系和国民经济体系。

鉴于近代以来落后挨打的历史教训，中华人民共和国成立后，中国共产党立即以建立独立完整的现代工业体系为目标，展开现代化建设。1953年，中国实施重工业优先的战略，为建立完整的工业体系不懈努力。现代工业利用机器进行生产，而重工业是工业的基础，是生产机器的"机器"。因而，现代重工业是国家真正独立的物质基础，是国家安全的基础，也是中华民族复兴的基础。中国共产党为了建立独立完整的现代工业体系，不仅没有局限于眼前利益，而且还克服了外部压力。毛泽东认为："自己尽可能独立地搞，凡是自己能办的，必须尽量地多搞。只有自己实在不能办的才不办。"①

"一五"计划开始，中国在苏联援助下，开始了著名的工业"156项"建设。工业"156项"建设以重工业、军事工业为主，并有大量的配套项目。除少数军工项目外，这些项目拥有20世纪40—50年代较先进的技术水平。工业"156项"建设在1969年完成，形成了中国的工业骨架。经过几个五年计划，中国形成了独立的、较完整的工业体系。还必须强调一点，中国的"156项"建设，不是简单的设备安装，而是真正的技术转移。在工业体系建设的同时，中国形成了相应的技术体系、研发体系和教育体系。当时，中国的工业与发达国家虽然有着很大的差距，但是，涉及国计民生的重要产品，中国都可以制造，对于国际先进的技术设备也都可以迅速吸收转化。因此，中国

---

① 中共中央文献研究室：《毛泽东年谱（一九四九—一九七六）》（第四卷），中央文献出版社2013年版，第320页。

的新生工业体是有着迅速升级能力的工业体。在建立工业体系的过程中，中国还吸取了苏联轻视农业的教训，以农业为基础，以"粮"为纲，不断优化农、轻、重之间国民经济的比例关系，建成独立的国民经济体系。独立、较完整的工业体系和国民经济体系为中国的独立自主打下了坚实的基础。

　　第三，积极做好应对突发事件、自然灾害和战争的准备。

　　近代以来，中国饱受侵略。民族工业发展步履维艰。中华人民共和国成立初期，美国在中国东部对中国进行围困封锁。具有残酷战争经历的中共领导层对帝国主义发动侵略战争一直保持高度警惕。在"大跃进"时期，由于缺乏建设经验和"左"的错误，加上严重的自然灾害，我国遭遇"三年困难"时期，国民经济遭受重大损失。同时，苏联撕毁合同、撤回专家、索要债务。中苏关系破裂后，蜕变为霸权主义的苏联还在中国北部边境陈兵百万。鉴于这些历史教训，中共领导层在研究"三五"计划时，高度重视预防突发事件和灾害。毛泽东就此提出两点重要指导意见：一是要改变计划方式。毛泽东认为，当时的计划方式是学苏联，以预计中的钢产量为中心，然后推算其他指标。他指出："这样计算，把老天爷计算不进去，天灾来了，偏不给你那么多粮食……打仗计划不进去，国际援助也计划不进去……我们的方针是以农业为基础、以工业为主导。按照这个方针制定计划。先看可能生产多少粮食，再看需要多少化肥、农药、机械、钢铁，还要考虑打仗的需要。"[1] 二是实施三线建设，建立战略后备基地。对于可能发生的战争，毛泽东指出："我们要准备，不但准备帝

---

① 薄一波：《若干重大决策与事件的回顾》（下），中共中央党校出版社1993年版，第1199页。

国主义整我们，还要准备帝国主义和修正主义合伙整我们。"① "三五"计划由此转变为立足于战争、立足于备战的国民经济发展计划，它的战略方针被概括为"备战、备荒、为人民"。三线建设以攀枝花钢铁厂为中心，以成昆铁路为动脉，在云贵川地区建成了工业体系和兵工生产体系，这是中国工业体系的"备份"，能够保障在中国东部工业中心突然遭到打击的情况下，中国的工业仍然能够继续运转，武器能够源源不断地被造出来以支持中国的卫国战争。因此，中国敢于迎战任何来犯之敌，不怕任何战争讹诈，可以坚决捍卫主权，根据国家利益自主地进行决策。

第四，以粮食、石油为代表的战略物资不能依靠别人。

毛泽东主张，在建设中，凡是自己能办到的，尽量自己办，涉及国计民生的战略物资，如粮食、石油，一定要靠自己。毛泽东在评价苏联主导的经互会的经济一体化和专业化时，指出："特别是农业，更应当搞好。吃饭靠外国，危险得很，打起仗来，更加危险。"② 1964年，中国周边形势恶化，毛泽东更加关注这一问题。毛泽东在与发展中国家领导人会谈时，多次谈到这个问题。1964 年 7 月 16 日，毛泽东会见巴基斯坦商业部部长瓦希杜扎曼时说："没有钢铁工业不行。如果依靠进口钢铁和机器，经济就不能独立。"③ 1965 年 6 月 9 日，毛泽东会见印度尼西亚合作国会议长阿鲁季时说："要搞些钢铁工业、

① 中共中央文献研究室、中国人民解放军军事科学院：《建国以来毛泽东军事文稿（一九五九年一月——一九七六年二月）》（下卷），军事科学出版社、中央文献出版社 2010 年版，第 328 页。

② 中共中央文献研究室：《毛泽东年谱（一九四九——一九七六）》（第四卷），中央文献出版社 2013 年版，第 320 页。

③ 中共中央文献研究室：《毛泽东年谱（一九四九——一九七六）》（第五卷），中央文献出版社 2013 年版，第 376 页。

机器制造业，石油工业你们已经有了，还要发展农业，粮食不要靠进口，不要从美国进口粮食。"① 在 1965 年 10 月 12 日讨论"三五"计划的中央会议上，毛泽东提出："还有一个外粮中调，哪一天能做到一颗粮食也不进口了。"② 正是在这种自力更生思想的指导下，20 世纪 60 年代初，中国没有迷信西方理论权威的"中国贫油论"，展开大规模勘探，进行大庆油田会战，一举实现石油自给自足。1964 年，为了备战，中国加大石油工业建设力度，使得石油工业快速发展。在这一时期，中国依靠集体制度，大搞农田水利建设，虽然有极左思想的干扰，但农业一直稳步发展。另外，中国农业科技，尤其是良种研发培育正在大规模进行，袁隆平就是其中的杰出代表。在我国 1973 年制定的"四三方案"中，计划从西方国家引进十三套大化肥设备，这为我国后来的粮食高产打下了基础。

第五，建设要根据客观可能性，留有余地。

鉴于"大跃进"中严重脱离实际的高指标给国民经济造成的重大损失，苏联"逼债"试图控制中国的教训，以及中苏关系恶化、美国封锁围困中国的周边态势，在制定"三五"计划时，毛泽东一再强调制定计划要根据客观可能性，要留有余地，以应对各种突发事件。1965 年 6 月 16 日，在听取关于"三五"计划编制的汇报时，毛泽东认为规模还是过大，项目过多，留有余地太少。毛泽东指出："一九七〇年那些指标不要搞那么多，粮食四千八百亿斤能达到吗？要考虑

---

① 中共中央文献研究室：《毛泽东年谱（一九四九——一九七六）》（第五卷），中央文献出版社 2013 年版，第 497 页。

② 中共中央文献研究室：《毛泽东年谱（一九四九——一九七六）》（第五卷），中央文献出版社 2013 年版，第 535 页。

来个大灾或者大打起来怎么办。钢一千六百万吨就行了。你这个数字压不下来，就压不下那些冒进分子的瞎指挥……要根据客观可能办事，绝不能超过客观可能，按客观可能还要留有余地。留有余地要大，不要太小。"[①] 在当时的国际形势下，为了留有余地，党中央决心既不借外债，也不借内债。1964 年 7 月 16 日，毛泽东会见巴基斯坦商业部负责人，就苏联债务问题提出："苏联还逼我们还债，到明年可以还清，到一九六八年可以还清内债。以后内债外债都不借，完全靠自力更生。资金从农业和轻工业方面来，从重工业方面也来一些。"[②] 1969 年，我国宣布既无外债，也无内债。既无外债，也无内债，是独立自主、留有余地、应对突发灾难的稳健财政政策。

第六，艰苦奋斗，自力更生。

纵观工业革命以来的历史，工业化发展需要巨大的投入。早期发达国家进行工业化时，都有过大规模殖民、侵略、掠夺的历史。中国作为一个长期被帝国主义列强侵略的落后农业国，要独立自主地进行重工业优先的工业化，必然要高积累、低消费，尤其是要把农业劳动剩余投入到工业建设中。在实施"三五"计划时，我国孤立无援，还要进行三线战备大后方建设。工业化、三线、战备、农业，都需要国家巨额投入。在工业体系没有建成、国家建设资金投入非常有限、没有任何外援（还要承担一定的国际援助）的情况下，中国如何独立自主地进行建设？1964 年 12 月，周恩来在三届全国人大一次会议的政

---

① 中共中央文献研究室：《毛泽东年谱（一九四九——一九七六）》（第五卷），中央文献出版社 2013 年版，第 501 页。

② 中共中央文献研究室：《毛泽东年谱（一九四九——一九七六）》（第五卷），中央文献出版社 2013 年版，第 376 页。

府工作报告中发出"工业学大庆，农业学大寨"的号召，号召全国人民艰苦奋斗，自力更生。山西省昔阳县大寨村自然条件恶劣，大寨人依靠集体经济，在村党支部的领导下，克服重重困难，靠自己的双手，把荒山改造为梯田，"粮食每亩产量由新中国成立前的50多公斤增产到350公斤。从1953年到1964年春，大寨共向国家交售商品粮87.9万斤，平均每户交售1.1万斤"[1]。大庆石油会战时期，正赶上我国"三年困难时期"，当地条件艰苦，国家投入有限，甚至粮食供应都遇到困难，大庆的干部、科技人员和工人，自己盖干打垒（当地老乡的简易住房），自己开荒种粮种菜、养猪养羊，自己改善住宿问题，经过艰苦奋斗，在大荒原上建起了大庆油田。中国不仅实现了石油自给，而且在借鉴国际先进技术的基础上，自己研究、开发，建立了完整的钻探、运输、冶炼体系。在当时建设资金极度紧张的情况下，毛泽东坚持从长远利益出发，多次强调："吃穿用不要降低现在水平，每年略有增加就好。农业要搞大寨精神。农业靠学大寨，工业靠学大庆。"[2]"农业主要靠大寨精神，靠群众办事。"[3] 这里要强调一点，社会主义建设时期的自力更生、艰苦奋斗，是一种革命传统，是一种社会主义主人翁精神。人民是国家的主人，中国独立自主、自力更生，是为了人民的长远利益。人民艰苦奋斗，是为了自己的事业，是为了子孙的未来。作为国家发展战略层面的"艰苦奋斗，自力更

---

① 当代中国研究所：《中华人民共和国史稿：第二卷 1956—1966》，人民出版社、当代中国出版社 2012 年版，第 191 页。

② 中共中央文献研究室：《毛泽东年谱（一九四九——一九七六）》（第五卷），中央文献出版社 2013 年版，第 421 页。

③ 中共中央文献研究室：《毛泽东年谱（一九四九——一九七六）》（第五卷），中央文献出版社 2013 年版，第 501 页。

生"，大多数发展中国家是无法做到的。

经过几个五年计划的艰苦奋斗，中国独立自主地建立了独立、较完整的工业体系和国民经济体系。在备战的指导原则下，中国经济体系的建立是立足于未来，立足于自身，立足于应对突发重大风险和外来侵略的。客观地说，就技术水平而言，中国的工业体系与西方工业、技术水平存在较大差距，但是，这是一个有着现代工业基础和技术基础的工业体系，是一个能够不断吸收外来技术、不断升级的工业体系，是一个独立的、可以应对一切外来风险的体系，是一个牢牢把握自身经济命脉的工业体系。因此，一旦国际条件改善，中国打开国门，这一体系既能迅速吸收外部的一切资源，同时，又能抵抗外来风险和内部突发灾害。

由此，中国安然度过了 20 世纪 70—80 年代的"石油危机""粮食危机"和"债务危机"。前面已经提到过，中国领导人从应对极端的多国大规模侵略战争和灾荒出发，备战备荒。如果与中国领导人所准备应对的外部冲击和自然灾害相比，三大危机的冲击力度要小得多。面对石油危机引发的价格高企，中国石油不仅自给自足，而且能够出口换汇；面对粮食危机，中国粮食安全足以自保；面对债务危机，中国 20 世纪 70 年代"既无外债，也无内债"的原则使中国可以轻装前进，利用外资。因此，当绝大多数发展中国家陷入经济社会危机甚至崩溃时，中国正进行改革开放，经济一飞冲天。中国之所以能够安然度过三大危机，不是靠偶然的运气。建设时期党领导中国人民独立自主，艰苦奋斗，自力更生，形成了强大的国家自主能力，它使中国能够在改革开放的航程中保持着自己的航线。

第三节　粮食、美元、石油——苏联的教训

"如果你控制了粮食、石油和美元，你就控制了世界。"这句话广为流传，虽然查无出处，但毫无疑问是深刻的。这句话指出了战略物资和国家自主能力的关系。三大危机冲击发展中国家，甚至彻底改变了一些发展中国家的命运，其原因就在于这些国家缺乏独立自主发展战略，忽视了战略物资和战略性产业的自主能力，整个国家自主能力弱，在外部风险面前不堪一击。不仅发展中国家如此，大国也是如此。

苏联解体是20世纪重大的历史事件，影响深远。关于苏联解体的研究有很多，学者们从不同的角度找出各种原因，但是，关于苏联国家自主能力弱化与苏联解体的关系的论述却很少。二战以后，苏联成为能够与美国相抗衡的超级大国，其国力令欧美深为忌惮。但是，苏联又是一个经济结构极度失衡的大国，它的粮食高度依赖国际市场，这就导致它对美元的依赖，而对美元的依赖进一步导致它对石油出口的依赖。这种结构性问题被其强大的军事实力所掩盖，但是，正是这种结构性依赖使苏联在改革时期失去了独立自主的能力。

后期的苏联是一个高度依赖石油出口的国家，其根本原因就在于经济结构严重失衡。苏联重工业、轻工业和农业的比例是6：2：2，尤其是关系国计民生的粮食无法自给，只能靠不断进口来补足，成为世界上最大的谷物进口国。1970年，苏联进口谷物仅220万吨，而

1985 年已经达到 4560 万吨，以至于"到 1980 年代中期，每 3 吨粮食加工产品中就有 1 吨是用进口粮食生产的。畜牧产品的生产是建立在谷物进口基础上的。苏联不得不签署供应谷物的长期协定，承担每年必须从美国购买不少于 900 万吨、在加拿大购买不少于 500 万吨、在阿根廷购买不少于 400 万吨的粮食"①。石油和天然气出口创汇则是苏联购买粮食最主要的资金来源。

这种经济结构比例严重失衡有其历史原因。

列宁领导俄国无产阶级在十月革命中取得了政权。革命领袖们最初认为，作为一个资本主义没有充分发展的国家，俄国革命将像导火索一样，引爆欧洲发达资本主义国家的无产阶级革命，但是，欧洲无产阶级革命没有爆发。在第一次世界大战中打得你死我活的帝国主义国家也无力消灭俄国无产阶级政权，苏联这个无产阶级政权就像堡垒一样，在帝国主义国家的包围中坚挺地站着。

由于内部生产力不发达，工业较弱，外部英、法、德、美、日等列强又对其虎视眈眈，苏联面临着严峻的国家生存问题。苏联没有办法按照先农业再轻工业最后重工业的顺序按部就班地发展，它必须在短期内集中一切资源迅速发展以国防军事为中心的重工业。在这种历史条件下，苏联实行计划经济，也形成了以重工业为中心的国民经济体系。这是一个以备战为目标、为军事工业服务的国民经济体系。为了集中有限的资源进行高速工业化，苏联不得不从农业生产中抽调资源投入到重工业化中。苏联的农业集体化就是为了完成这一任务，但

---

① 亚·维·菲利波夫著、吴恩远等译：《俄罗斯现代史（1945—2006）》，中国社会科学出版社 2009 年版，第 170 页。

是，这在一定程度上影响了苏联的农业，尤其是粮食生产。

二战之后，美苏旋即进入冷战状态，苏联以军事工业为中心的经济结构没有发生根本变化。虽然苏联领导人在二战后曾大力发展农业，补贴传统产粮区，开垦新土地，对农村投资逐年增加，粮食产量有所增加，但是与随着城市化和人们生活水平的提高而出现的粮食消费需求相比，苏联的粮食缺口逐渐加大。

1962 年，古巴导弹危机爆发，美苏对峙，剑拔弩张。但有意思的是，从 1962 年起，苏联开始从美国、加拿大和澳大利亚进口谷物。不知出于什么考虑，苏联竟然从自己最大的敌人手里购买粮食。

冷战时期，两大阵营对立，形成两个平行市场，一个是以美国为中心的经济圈，一个是以苏联为中心的经济圈。从国际市场进口粮食需要硬通货，或者黄金，或者美元，这成为困扰苏联领导人的难题，因为苏联军事重工业强大，但轻工业偏弱，在国际市场上没有竞争力，无法通过出售工业产品换取足够的硬通货，因此，苏联最初只能通过出售黄金储备从国际市场上购买粮食。1963 年，由于粮食减产，国家粮食储备减少，苏联领导层不得不用黄金从国外大量购买粮食，一次就用掉了 372.2 吨黄金，占其黄金储备的三分之一以上。[1] 苏联的黄金储备根本无法支撑长期大规模的粮食进口。

就在苏联领导人头疼的时候，1973 年的中东战争引发了第一次石油危机，国际油价暴涨 10 余倍，而苏联的秋明大油田正好大规模产油，石油美元从天而降，让人一筹莫展的外汇储备和粮食问题居然就

---

[1] 亚·维·菲利波夫著、吴恩远等译：《俄罗斯现代史（1945—2006）》，中国社会科学出版社 2009 年版，第 102 页。

这样轻而易举地解决了。苏联学者阿尔巴托夫回忆说："我国的领导——无论是政治的还是经济的完全高枕无忧了，开始迅速地大肆挥霍起这笔巨大的、历史上只能开采一次的财富了。从 1973 年起，我们在历史上第一次成为粮食净进口国，并且对这种进口上了瘾，就像吸毒者上了海洛因的瘾一样。还开始了进口大量设备——基本上都是最普通的设备，这些设备我国工业也是有能力生产的。……有一点显而易见，就是这种天上掉下来的意外之财妨害了及时进行经济改革。"①并且，苏联利用这笔石油收入在世界范围内不断扩张势力范围。

原本，在 20 世纪 70 年代初，苏联领导层已经察觉到苏联经济开始僵化，增长缓慢，为此，他们考虑发展科技，提升工业竞争力，准备专门就科技革命问题召开一次苏共中央全会，并委托专家组起草一份纲领性文件。但是，就在这时候，石油出口轻易换回大量美元，苏联领导层酝酿的改革就此胎死腹中。

而同时期中国的情况则正相反：中美关系缓和后，1973 年，中国在外汇极度紧张的情况下，实行"四三方案"，进口 43 亿美元先进设备，补充中国工业的短板。改革开放之初，邓小平一再强调，要艰苦奋斗，外汇一定要进口先进设备，一定要用来提高中国的工业和经济水平。

由此看来，石油收入不仅没有解决苏联的经济不平衡问题，而且加重了这种不平衡，形成了其经济致命的脆弱性。苏联用石油出口换取巨额美元，再用美元大量进口粮食和轻工业消费品，从而形成了苏

---

① 格·阿·阿尔巴托夫著，徐葵、张达楠等译：《苏联政治内幕：知情者的见证》，新华出版社 1998 年版，第 219 页。

联的粮食依赖于北美、石油的价格受制于石油输出国组织、美元的发行权由美国控制的局面。粮食、美元和石油都是一个国家的战略资源，苏联对这些战略资源的主导权却完全被控制在自己的敌人手中，从而招致了致命的外部打击。

20 世纪 80 年代初，美国里根政府主张对苏强硬，加剧了冷战。美国中央情报局局长威廉·凯西提出针对苏联的隐蔽经济战，其核心是通过对苏联的国家经济体进行研究，找到它的脆弱性，找到其咽喉命脉，然后针对这种脆弱性，通过经济手段进行打击。[①] 威廉·凯西的专家组研究发现，苏联国民经济体系对油气出口高度依赖，"在部分年份中，石油和天然气所赚取的硬通货占据苏联全部硬通货的60%—80%，并且这些收入成为苏联经济体制的一个支柱。苏联虽然从西方赚取硬通货，但它需要用这笔钱从西方购买粮食和技术，以维持经济体制这个庞然大物"[②]。只要大幅度降低苏联的美元收入和储备，苏联的粮食就会成为问题，进而引发其经济社会问题。

据此，里根政府制定了以消耗、减少苏联的硬通货——美元为中心的秘密战略。它包括以下几个方面：在阿富汗和波兰支持反苏力量，消耗苏联国力，尤其是美元储备；对苏联进行技术封锁，不让苏联得到提高石油产量和修建石油、天然气管道所需的关键技术，千方百计阻止西方银行向苏联石油项目贷款，延阻苏联计划中的重要油气管线建设，打击苏联石油生产和输出能力；联合石油生产国压低国际石油价格。里根政府通过为沙特政府提供安全保障和最先进的预警

[①] 彼得·施魏策尔著、殷雄译：《里根政府是怎样搞垮苏联的》，新华出版社 2001 年版，第 15 页。

[②] 彼得·施魏策尔著、殷雄译：《里根政府是怎样搞垮苏联的》，新华出版社 2001 年版，第 123 页。

机、毒刺式导弹，与沙特结成反苏同盟。

1985 年，沙特加大石油生产，国际石油价格大跌。1985 年 11 月，每桶原油 30 美元，5 个月后，国际油价暴跌至 12 美元。①

1986 年，苏联外汇储备一下子减少三分之二。与此相巧合的是，同年，切尔诺贝利核电站发生严重的核泄漏事故。1988 年，亚美尼亚发生大地震，救灾消耗了苏联大量外汇储备。此时，苏联政府应该进行经济收缩，但是，刚刚上台的戈尔巴乔夫 1986 年时正在推行经济全面加速发展计划，这个经济扩张计划需要进口大量的西方技术和设备，其结果是不可避免地失败了，同时又耗费了宝贵的外汇储备。

此时，苏联既无法通过迅速提高油气产量来获取相应的美元，又没有外汇储备，同时还要偿还大量外债，从而陷入了严重的财政危机和债务危机。国际商业银行迅速察觉到苏联的危机，纷纷拒绝向苏联贷款。

苏联 1989 年 3 月的一份文件显示了其财政危机和债务危机的严重程度："可自由兑换的货币的结算非常紧张，债务超过了商品出口的年度收入两倍有余。支付利息即需耗费将近 20 亿卢布，超过石油出口所获可自由兑换货币的全部进款。……目前的情况是，我们必须将出口所获得的全部可自由兑换货币进款用于偿还外债。"② 也就是说，苏联的石油出口收入仅够偿还债务利息，已经没有了外汇

① 彼得·施魏策尔著、殷雄译：《里根政府是怎样搞垮苏联的》，新华出版社 2001 年版，第 271—272 页。

② E. T. 盖达尔著、王尊贤译：《帝国的消亡：当代俄罗斯的教训》，社会科学文献出版社 2008 年版，第 195 页。

进口粮食、技术、设备以及各种经济运行必需的资源。苏联庞大的国民经济体系开始停止运行，粮食和日用消费品的匮乏开始引发国内混乱。

这时，苏联政府只能借钱，否则，就无法大量进口粮食和设备，国家就会陷入大灾难之中，戈尔巴乔夫的政治生命就会彻底终结。为此，戈尔巴乔夫不得不向美国和欧洲各国政府寻求贷款，向自己的敌人借钱。但是，向以美国为首的西方各国政府贷款，就要按照它们的要求进行经济和政治体制改革，此时此刻，苏联已经丧失了国家自主能力。

继里根之后的美国总统老布什抓住了这一点，以对苏联的贷款和解除经济封锁为诱饵（也是要挟），迫使戈尔巴乔夫不断收缩苏联的势力范围，并要求苏联按照西方的标准进行经济、政治改革。

1990 年第一次伊拉克战争前，为了使戈尔巴乔夫放弃伊拉克，老布什保证继续支持戈尔巴乔夫改革，并保证尽快打破冷战给贸易带来的壁垒，为其提供某些人道主义技术援助，鼓励私人投资者。但是，老布什给予的只是口头上的支持，并没有做出提供大规模财政援助的承诺。[①] 同年，戈尔巴乔夫同意两德统一，甚至同意德国留在北约。表面上，戈尔巴乔夫强调政治因素，但是，"他们对德国人谈论的是金钱。当科尔的国家安全顾问霍斯特·泰尔奇克于 5 月份在莫斯科和苏联领导人秘密会晤时，雷日科夫和其他苏联领导人详细地谈论了苏

---

① 小杰克·F·马特洛克著、吴乃华等译：《苏联解体亲历记》（上），世界知识出版社 1996 年版，第480 页。

联的经济困难，并强调需要大量的贷款"①。1990 年 3 月 11 日，立陶宛宣布独立。同年 3 月 18 日，莫斯科终止对立陶宛的石油供应。同年 6 月，美苏首脑会晤，戈尔巴乔夫说服老布什总统签订贸易协定，"但是他不得不接受两个条件……第二个条件仍然是秘密不公开的，即贸易协定得到国会批准之前戈尔巴乔夫必须解除对立陶宛的经济制裁"②。在这之后，莫斯科只得恢复对立陶宛的石油供应。这加剧了波罗的海三国独立的倾向，开启了苏联解体的进程。

从中东到东欧再到苏联国内问题，戈尔巴乔夫对西方步步退让。原苏共中央政治局委员叶·利加乔夫在苏联解体时写了一本名为《戈尔巴乔夫之谜》的书，他认为，在苏联改革后期，戈尔巴乔夫的政策"是面向西方的，而把祖国的最高利益置诸脑后"。但是，他坚定地认为："1985 年 4 月改革开始时，一切并不是这样……那时的对外政策并没有一味单方面向西方让步，凡事都有我们的盟国参与，同时也加强了苏联在世界上的地位。"③ 叶·利加乔夫认为戈尔巴乔夫的转变是一个谜。

实际上，如果从财政危机和债务危机的角度来看，当时的苏联已经失去了自主掌控局面的能力，无力维持原有的势力范围，不得不收缩。在这种收缩的过程中，戈尔巴乔夫不得不廉价"甩卖"苏联的政治资产来延缓即将到来的经济崩溃。

虽然戈尔巴乔夫使尽浑身解数，但是，以美国为首的西方各国的

---

① 小杰克·F·马特洛克著、吴乃华等译：《苏联解体亲历记》（上），世界知识出版社 1996 年版，第 449 页。

② 小杰克·F·马特洛克著、吴乃华等译：《苏联解体亲历记》（上），世界知识出版社 1996 年版，第 445 页。

③ 叶·利加乔夫著、林崇骥等译：《戈尔巴乔夫之谜》，新华社参考新闻编辑部 1992 年版，第 1 页。

贷款和援助口惠而实不至，除了少量的粮食、药品等"人道主义援助"，它们根本就没提供重大的财政援助。对于西方大国坐视苏联陷入危机，后来的俄罗斯总理普里马科夫认为："非常可能的是，终究反映了西方不情愿和不希望援助苏联'振兴'，一律平等地进入世界共同体。"[1]

我们再来看同时期的中国。1989年，以美国为首的西方对中国进行制裁。中国虽然面临一定的经济困难，但有强大的自主能力。面对制裁，邓小平自信地说："世界上最不怕孤立、最不怕封锁、最不怕制裁的就是中国。建国以后，我们处于被孤立、被封锁、被制裁的地位有几十年之久。但归根结底，没有损害我们多少。"[2]

苏联因为国家缺乏自主能力的致命缺陷，在国际风浪中解体。中国虽然国力远远逊于苏联，但由于有国家自主能力，所以可以乘风破浪，继续推进改革，继续发展。

第四节　大历史视野中的国家命运：独立自主还是附庸

中国人民独立自主，艰苦奋斗，自力更生，强大的国家自主能力使中国安然度过20世纪70—80年代的三大危机，形成了与绝大多数

---

[1] 叶夫根尼·普里马科夫著、焦广田等译：《大政治年代》，东方出版社2001年版，第85页。

[2]《邓小平文选》第三卷，人民出版社1993年版，第329页。

发展中国家迥异的发展轨迹。世界体系中，存在两种发展道路，一种是内生的自主发展，一种是外生的依附性发展。主要发达资本主义大国走的是内生的自主发展之路，它们以各种方式使其他国家围绕着它们的利益进行经济布局，承担特定的经济分工，承担特定的功能。围绕发达国家进行经济分工的国家形成外围国家，它们走的是外生的依附性道路，当发达国家根据经济需要重新进行国际分工，或者承担某种经济分工的国家的资源耗尽时，这些国家的经济就会停滞，社会就会陷入混乱。一个外生的依附性发展的国家，永远无法成为发达国家。

在世界体系中，一个国家是否有能力围绕国家民族的利益进行发展，保护自己的工业和经济持续发展，是一个命运攸关的问题，这也是理解中国独立自主的历史意义的关键所在。

让我们通过资本主义的发展历史，来审视这一问题。就自主发展和依附性发展这个问题而言，资本主义的发展被分为三个阶段：重商资本主义、工业资本主义（包括帝国主义阶段）、二战以后的资本主义。

在重商资本主义时期，以英国为代表的西欧国家开始兴起。在传统的欧亚大陆远程贸易中，中国、印度和西亚（东地中海地区）国家是经济、文化最发达的地区，中国的丝绸、瓷器，印度的棉布，东南亚的香料是最重要的商品。东地中海沿岸是陆路贸易和海路贸易的交会点，以威尼斯为代表的南欧沿海城邦参与欧亚大陆贸易，在欧洲获得举足轻重的地位。西欧则是欧亚大陆的边缘地带。"大航海"的出现，改变了这一世界经济格局。美洲被"发现"后，葡萄牙、西班牙、荷兰、英国、法国纷纷向美洲殖民，掠夺财富，占领土地。与此同时，这些欧洲国家开始渗透进入传统的欧亚大陆贸易，美洲的金银成为它们参与欧亚大陆贸易的重要资金，以武力占领贸易路线、控制贸易成为它们最重要的手段，它们逐渐控制了重要的航路和香料等重要商品。这一时期，军事实力强弱和战争胜败是欧洲贸易帝国兴衰的关键因素，战败者会失去贸易垄断地位，退出竞争。美洲殖民地的发展，导致大西洋"三角贸易"形成：西欧（尤其是英国）商人从亚洲进口商品，如印度的棉布，到非洲交换黑奴，再将黑奴、印度棉布等贩运到美洲殖民地，最后从加勒比海群岛的种植园运回蔗糖等商品。英国在欧亚大陆贸易体系和大西洋三角贸易中逐渐占据有利地位。

巨大的贸易利润和海外市场催生英国的工业革命，英国工业革命又引发了连锁反应。在英国的压力下，一些国家纷纷致力于工业化。围绕着工业化，世界发生了深刻变化。能否从本国的利益出发，自主地推动工业化和现代化，决定着国家命运。

法国、德国等欧洲国家迅速兴起。欧洲这些国家的工业化，首先得益于它们能够凭借武力保护自己的工业，"机械化纺织来到欧洲大陆的第一波浪潮，是不断扩张的法兰西革命共和国有能力将英国商品排除在欧洲大陆的直接结果"[1]。在北美殖民地，独立战争使美国获得保护自己幼稚工业的能力。北美殖民地存在两种经济力量：一种是以奴隶制大种植园为代表的国际贸易利益集团，它向欧洲出口以棉花为代表的农产品，主张自由贸易；另一种是本土新兴工业利益集团，它

---

[1] 斯文·贝克特著，徐轶杰、杨燕译：《棉花帝国：一部资本主义全球史》，民主与建设出版社 2019 年版，第 141 页。

立足于本土生产，为了避免英国的竞争，它主张贸易保护。两个利益集团的冲突最终导致南北战争。北方工业集团胜利后，美国实行贸易保护政策，工业迅速发展。南美正相反。南美根据欧洲的生产、贸易的需要，出现奴隶制矿业和大种植园，大矿主和大种植园主形成强大的政治势力，"这些生产者和商人成了争取从西班牙独立的政治运动的主要推动者和资助者，其目的在于获得政权并能自由扩大原料出口业务——从而增加拉美对欧洲（虽然现在是英国）宗主国的更大经济依附"①。

英国工业革命以棉纺织业为中心。在当时的技术条件下，正常而言，印度、埃及等传统的棉纺织中心更容易接受新技术。但是，印度和埃及由于殖民地化，国家没有自主能力，无法保护自己的工业，无法正常推进现代工业的发展。印度传统棉纺织业技术高超，"至少在1400年到1800年这4个世纪里，印度保持了竞争优势。印度还输入了新的技术，尤其是从奥斯曼帝国和波斯输入印染技术以及熟练工人。莫卧尔时代的一部著作列出了印染45种色调的77种不同的工艺"②。18世纪初，英国毛纺织品和棉布根本无法与印度棉布竞争。为了保护纺织业，英国禁止进口、销售印度棉布。1757年，英国获得普拉西战役的决定性胜利，使印度沦为了英国的殖民地，英国殖民者"开始对输入英国的印度进口品征收比输入印度的英国进口品（以自由贸易为名）高出5倍至20倍的赋税，结果，他们只要认为必要就

---

① 安德烈·冈德·弗兰克著，高铦、高戈译：《依附性积累与不发达》，译林出版社1999年版，第89页。
② 贡德·弗兰克著、刘北城译：《白银资本：重视经济全球化中的东方》，中央编译出版社2000年版，第275—276页。

从形体上把印度工业一扫而光"①。在此之后，印度纺织品出口值急剧减少，进口到印度的英国棉纺织品的总值则迅速增加，"到1850年，多少世纪以来一向出口棉织品到全世界的印度却进口了英国出口棉布的1/4"②。宗主国英国的现代纺织工业蒸蒸日上，作为殖民地的印度却出现了去工业化的现象。19世纪初，埃及统治者穆罕默德·阿里致力于工业化，使埃及一度成为地中海强国，其在棉纺织业领域对英国纺织品形成竞争压力。但是，埃及因国力较弱，无法抵御西方霸权。1838年，《英国奥斯曼关税条约》生效，埃及开始实行实际的自由贸易政策。埃及无法保护新兴工业和国内市场，工业化最终失败。

纵观西方兴起成为世界霸主的这段历史可知，西方殖民主义通过在美洲殖民，在亚洲进行武装贸易，逐渐在世界生产—贸易网络中占据中心地位，催生了工业革命。工业革命后，欧洲强国又依托现代工业形成强大的军事和经济竞争力，根据本国的需要，重新塑造殖民地的经济——欧洲强国致力于发展现代大工业，而殖民地则被塑造为以农业经济作物和矿业为主的依附性经济。因此，殖民地的农产品、矿产品与欧洲工业品存在不平等交换，使财富不断流向欧洲资本主义强国，殖民地则陷于贫困之地。要摆脱这种命运，殖民地国家就必须从本国利益出发进行工业化；要进行工业化，首先就必须拥有独立自主的国家能力来抵御西方强权，并能够持续推进工业化。

---

① 安德烈·冈德·弗兰克著，高铦、高戈译：《依附性积累与不发达》，译林出版社1999年版，第95页。

② 安德烈·冈德·弗兰克著，高铦、高戈译：《依附性积累与不发达》，译林出版社1999年版，第94页。

资本主义内在矛盾和不平衡导致的帝国主义战争，极大地削弱了帝国主义国家实力。在无产阶级共产主义运动和殖民地民族解放运动的推动下，帝国主义殖民体系解体。亚非拉的许多被压迫民族纷纷独立，建立起现代民族国家，并致力于以工业化为中心的现代化建设，以期建立真正的独立的现代工业基础。中国革命、建设是这一历史潮流中的突出代表。在建设时期，中国独立自主，建立起完整的工业体系和国民经济体系，就是要成为能够自主发展的国家。中国的备战、备荒、"既无外债，也无内债"等措施是在冷战条件下抵御外来侵略和干涉、增强国家自主发展能力的战略举措，可以保证中国在任何极端情况下都能继续保持内生的自主发展。改革开放后，坚实的内生的自主发展的物质基础、制度基础使中国能够吸收一切有利于中国发展的资源，保持持续高速发展。

然而，绝大多数发展中国家本来是致力于经济发展和国家独立，却由于各种原因，未能经受住三大危机的冲击，又走上依附性发展的旧路。这是因为，大多数发展中国家在致力于工业化的过程中，虽然在政治形式上独立了，但在经济上并未真正地独立。这些原殖民地国家大多是单一的国民经济，过于依赖某种经济作物或者矿产，在技术设备上也依赖于西方，普遍重视城市，忽视农业发展，尤其是粮食生产。在矿产或者经济作物价格高企时，忽视将来可能出现的价格波动，它们将出口收入完全投入工业化，甚至不惜大规模举债。并且，非洲的一些发展中国家，对于国内问题，如粮食问题，总是寄希望于国际援助。法国学者勒内·杜蒙对赞比亚领导层这样批评道："人们谴责殖民主义、谴责国际资本主义或各种帝国主义。但贬低外国的这些人本身却又是首先盼望外国援助的人。似乎什么都欠赞比亚的。

1979年粮食困难时，所有的人都只盼望一件事：伦敦会议结束以后能重新打开南方的通道。他们甚至试都不试内部解决方案。"[1] 针对热带非洲国家经济、思想中的依附性，勒内·杜蒙认为，非洲的前景在于"通过非洲人自己，自力更生地建立起他们自己的力量"[2]。

1973年后，经济全球化浪潮兴起。从资本主义世界经济体系来看，在三大危机冲击后，大多数亚非拉发展中国家经济独立的努力失败了。因为它们的经济是在新的科技和国际分工的背景下，不是从本国的利益出发，而从美欧国际资本的利益出发进行的再次专业化，同时，也是再次依附化。这种再依附化方案的典型代表就是处理拉美债务危机时形成的所谓的"华盛顿共识"。这些政策不是从"债务国"的利益出发，而是从美欧国际资本的利益出发来调整"债务国"的经济结构。这些政策能够让国际资本渗透和控制"债务国"经济，能够让西方跨国公司廉价购买该国国内资产，甚至包括公共设施，而且能够使资本不受阻碍地回到本国，又能够让"债务国"偿还债务，还能让西方工业得到急需的廉价原材料。这样，"债务国"的经济结构被整合到以美国为中心的经济秩序中，为美国设定的经济分工服务。在这种经济体中，"债务国"国民创造的财富源源不断地流向了美欧。

改革开放以来，中国参与全球经济。与绝大多数发展中国家不同，中国已经形成强大的国家自主能力，能够根据国家目标和人民利益，积极利用国际资源和西方现代化经验，不断发展自己，壮大自

---

① 勒内·杜蒙、玛丽—弗朗斯·莫坦著，隽永、纪民、晓非译：《被卡住脖子的非洲》，世界知识出版社1983年版，第92页。

② 勒内·杜蒙、玛丽—弗朗斯·莫坦著，隽永、纪民、晓非译：《被卡住脖子的非洲》，世界知识出版社1983年版，第92页。

己。在改革开放中，中国领导层对资本主义有清晰的认识，坚持独立自主。邓小平曾指出："从发达国家取得资金和先进技术不是容易的事情。有那么一些人还是老殖民主义者的头脑，他们企图卡住我们穷国的脖子，不愿意我们得到发展。所以，我们一方面实行开放政策，另一方面仍坚持建国以来毛泽东主席一贯倡导的自力更生为主的方针。必须在自力更生的基础上争取外援，主要依靠自己的艰苦奋斗。"①

没有独立自主，没有独立自主发展战略，就没有中国改革时期的腾飞，就没有中国共产党的百年辉煌成就。

---

① 中共中央文献研究室：《邓小平年谱（一九七五——一九九七）》（下），中央文献出版社 2004 年版，第 821—822 页。

第四章

中国共产党为什么能够独立自主

中国共产党领导中国人民坚持独立自主，自力更生，艰苦奋斗，取得了举世瞩目的成就。在百年历史中，中国共产党的先进性和革命精神、群众路线，使党能够领导人民群众不怕艰难困苦，为了美好的明天而努力奋斗。中华五千年文明为中国共产党坚持独立自主原则提供了深厚的文化滋养。

第一节　工业学大庆

"宁肯少活二十年，拼命也要拿下大油田！"

"有条件要上，没有条件创造条件也要上！"

很多人一听这两句口号，就会立即想起大庆油田的"铁人"王进喜。王进喜是全国劳动模范，是大庆油田的创业者，是在中国石油工业自力更生、艰苦奋斗中涌现出来的英模代表。

前面已经论及，20世纪70年代两次石油危机对很多发展中国家中的非产油国造成了致命冲击。作为最大的发展中国家，中国不仅没有受到冲击，而且还能够出口石油。1963年12月，周恩来总理在第二届全国人民代表大会第四次会议上庄严宣布，中国需要的石油基本可以自给。"到1965年年底，全国炼油加工能力达到1423万吨，原油加工量突破1000万吨，汽油、柴油、煤油、润滑油四大产品产量达到617万吨，产品收率达到56.9%；石油产品品种累计达到494种，石油产品自给率100%，产品质量优良，合格率全部为100%""不仅民用油品、军用油品、国防尖端油品完全自给，而且可以自己研究、自己设计、自己制造设备、自己安装、建设大型炼油厂"[1]。

大庆油田在中国实现石油自给的历史进程中，发挥着举足轻重的作用。大庆油田也成为工业战线上建设时期自力更生、艰苦奋斗的一

---

[1] 余秋里：《余秋里回忆录》（下），人民出版社2011年版，第836—837页。

面旗帜。1964 年，党中央向全国人民发出号召——工业学大庆！

那么，说到艰苦奋斗，艰苦到什么程度？

随着中国工业化进程的快速展开，石油成为我国工业和国民经济发展的瓶颈。1960 年，全国原油需求量 1000 万吨，但国内只能生产 500 万吨。20 世纪 60 年代末，美国封锁中国，中苏关系破裂，中国无法进口足够的石油，而且，即使能够进口，也没有相应的外汇。因此，当我国石油勘探工作者在松辽平原上发现大油田（当时还是推测）的时候，大庆油田建设采取了超常规的军事模式——石油大会战。1960 年，石油部决定抽调全国石油工业、科研院所的骨干力量，再加上 3 万退伍兵，共 5 万人，动用钢材、设备和其他器材 16 万吨，在松辽平原萨尔图草原上进行石油会战。经过奋战，他们全年共钻井 91 口，试井 63 口，共生产石油 97 万吨，年底日产水平达到 7000 吨。

5 万人一起来到仅有几个小村的萨尔图草原，无论是工业器材运输还是组织生活供应都根本无法保证。但是，就是在这样艰苦的自然条件和工作条件下，石油工人立即投入工作。

王进喜钻井队就是这时候来到萨尔图草原的。当时，王进喜已经是全国著名劳动模范。由于交通运力有限，后勤器材供应不上，钻井队到了，自己队的钻井机却总是不来；钻井机来了，用于搬卸的吊车和运输的拖拉机又没来。吊车和拖拉机什么时候能来，谁也不知道。王进喜没有等，他带领钻井队用撬棍卸车，靠人拉肩扛，连续奋战三昼夜，把总重 60 吨的四五十台设备卸下火车，运到 9 公里外的井场，把 5 吨多重的钻井机拉上 2 米多高的钻台，立即开始打井。①

---

① 《"铁人" 王进喜：宁肯少活二十年，拼命也要拿下大油田》，《石油政工》2009 年第 5 期。

为了尽快建成油田，必须延长打井采油时间，会战指挥部决定不去城市修建宿舍区，而在油田附近修建职工宿舍。如果按照当时的中等标准建设防高寒的宿舍楼和相应的生活设施，每平方米造价至少200元①。1960年，国家给石油部的全部财政拨款是10亿元。为了支持大庆石油会战，国家又在财政极度紧张的情况下，给大庆油田特批了2亿元建设经费。为了节约建设经费，会战指挥部决定，通过干部职工义务劳动，学习当地老乡，建造30万平方米的"干打垒"。"干打垒"是当地一种简易土筑房，"只投资900万元，如果建楼房则需要6000万元。两相比较，节约投资5000万元。这在当时来说，是一个很大的数字，可以办很多事"②。

大庆石油会战时，正是我国"三年困难时期"，大庆油田供应不足，缺乏粮食和蔬菜。会战指挥部号召，与其愁眉苦脸，向外伸手，死等干熬，不如自己动手，组织干部、职工"开荒种地，大搞农副业生产，克服困难，改善生活，促进生产"③。大庆油田干部职工就这样一边建设油田，一边开荒种粮种菜，养猪养鸡，自力更生。在艰苦创业的最初四年，大庆油田"用于生产建设的资金占总投资的92.5%，而非生产性的建设投资只占总投资的7.1%，其中用于办公室、住宅建设的，只占总投资的3.3%"④。也就是说，在最初建设的四年中，用于干部职工生活方面的投资极少。

谷牧是我国改革开放初期重要的经济建设领导人。1960年到

---

① 这里必须说明，这个200元不能按照现在的人民币值来理解。这里仅举两个简单例子，在1980年，1分钱可以买1块水果糖，0.2元可以买1斤带鱼。

② 余秋里：《余秋里回忆录》（下册），人民出版社2011年版，第548页。

③ 余秋里：《余秋里回忆录》（下册），人民出版社2011年版，第525页。

④ 余秋里：《余秋里回忆录》（下册），人民出版社2011年版，第577页。

1962 年，时任国家经委副主任的谷牧曾三次到大庆，他在晚年回忆道："干部职工住在干打垒的房子里，吃着玉米面煎饼，过着军事化的生活，战天斗地，能打硬仗，为党和国家奋夺石油的情景，令人十分感动、十分鼓舞……更大的意义还在于它是一场志气仗，说明中华民族能够不靠任何人的施舍而生存发展。大庆的光辉业绩和宝贵经验，揭示出中国工业大有希望。"[①]

大庆是中国人民在建设时期自力更生、艰苦奋斗的一面旗帜。中国人民的艰苦奋斗，节衣缩食，勒紧裤带，使中国能够在没有外援的情况下，继续推动工业化，为后来的腾飞打下坚实基础。

这里有一个值得深思的问题：为何大庆人能如此艰苦奋斗？

在正常情况下，一个工人的工资最少应该包括该工人的衣食住行费用，以及一定的家人生活费用，尤其是抚养、教育子女的费用。大庆油田建设初期，正是我国"三年困难时期"，大庆油田的投资，根本无法达到这种标准。一些衣食住行的条件，如"干打垒"，一部分粮食、蔬菜和肉食，都是干部、职工通过自己在油田工作之外的劳动来解决的。

因此，大庆人的自力更生、艰苦奋斗，其背后必须有超越现实个人利益的精神力量。

广而言之，在中国共产党百年历程中，中国共产党人为何能自力更生、艰苦奋斗呢？

同样，中国共产党人独立自主，自力更生，艰苦奋斗，依靠的也是一种超越个人和小团体利益的强大的精神力量。

---

① 谷牧：《谷牧回忆录》，中央文献出版社 2014 年版，第 203 页。

这种力量来自党的先进性形成的革命精神、由人民民主形成的社会主义主人翁精神，以及滋养这两种精神的中华传统文化刚健有为的精神。

第二节　由党的先进性形成的革命精神

中国共产党之所以能够领导中国人民坚持独立自主，自力更生，艰苦奋斗，就在于中国共产党的先进性和人民性，就在于中国共产党的革命精神。

近代以来，面对西方工业资本主义的冲击、挑战，中国需要一股强有力的领导力量，领导中国人民，完成国家救亡、发展和复兴的历史使命。这一领导力量必须具有以下三个前提条件。第一，这一领导力量必须具有先进性，代表最先进的阶级，把握历史规律，顺应历史的潮流。这是因为，对于封建社会来说，西方资本主义是人类历史一个更高的社会形态。中国致力于救亡和赶超西方，必须由代表历史发展趋势的新的、先进的力量来领导。第二，人民性。在经济力量和军事力量悬殊的情况下，必须集整个中华民族的力量，才有可能进行救亡，实现国家独立，才能致力于现代化。第三，效率性。为了战胜强大的敌人，整个国家必须高度整合，团结一致，凝聚一切力量。只有一个代表人民利益的政权，才能够得到人民的拥护，才能够最大程度进行全民动员，才能够拥有真正的国家能力。历史证明，这一力量只能是代表先进生产力的中国共产党。

一、 近现代其他政治力量的失败

从 1840 年到中华人民共和国成立之前，中国各种政治力量走上历史舞台，但除中国共产党外，其他政治力量都不能满足前述三个条件，最后不得不退出历史舞台。

晚清地主阶级中的优秀分子认识到西方船坚炮利，想以洋务救国，因此洋务运动成为中国工业化的起点，晚清社会也由此出现一些起色，出现了"同治中兴"。但由于地主阶级的落后、晚清政治制度的腐朽，洋务运动最终失败。关于地主阶级作为政治力量的腐朽性，这里仅举两个代表性的例子。

1890 年 11 月，张之洞开始修建汉阳铁厂，最初的预算是 2468000两，而实际花销是 5586416 两，超出预算一倍多，其原因就是官员贪腐。相关的各级官员以各种名目侵吞银两，比如，在煤矿各房中，食盐一个月用了 1000 多斤，相当于每天 33 斤。[①] 洋务运动的官办工厂，最后都无法经营下去。

中国在中日甲午战争中战败，割地赔款，这是洋务运动失败的标志。甲午海战是甲午战争的关键战役。19 世纪末，日本积极发展海军，装备新式武器。清末重臣意识到，中日海军必有一战，北洋水师必须不断扩充、维护和升级。在甲午海战之前，北洋水师主要战舰计划更换新型速射炮 21 门，需要经费 61 万两，但是，因为财政不足，未能更换。在甲午海战中，北洋水师炮火被压制。而就在这期间，慈

---

① 谢放：《张之洞传》，广东高等教育出版社 2004 年版，第 205 页。

禧太后占用巨额海军经费，修建颐和园和皇城三海，耗资巨大。事实上，更换速射炮的经费仅占修建圆明园费用的十分之一。

中国农民阶级也曾在近代走上历史舞台，其代表性事件就是太平天国运动。历史上的农民阶级具有两面性：一方面，它代表着农民的利益，具有人民性；另一方面，它有小农的狭隘性。因此，中国历史上的农民起义有两面性：一方面，它们反对皇帝、贪官和地主，渴望建立一个理想社会，能够平均分配土地和财富；另一方面，历史上农民起义的结果都是推翻旧王朝，建立新王朝。太平天国运动非常典型地表现出了这一点。定都南京后，农民起义领袖们迅速转化为王侯将相，建造皇宫和王府，紧接着就是争权夺利，你死我活。

中国民族资产阶级是从帝国主义和封建主义夹缝中生长起来的，它反帝反封建，但力量弱小，因而摇摆不定。孙中山建立的资产阶级革命之所以失败，就是因为民族资产阶级力量弱小，其政权没有社会基础，没有广泛性，根本无力打倒代表封建势力的北洋军阀，更不要说打倒帝国主义，完成中国救亡的历史使命了。

北伐战争结束后，蒋介石在南京建立南京国民政府。这是一个代表大地主、大资产阶级的政府，政权的阶级性决定了其腐朽性。这个政权没有人民性，无法动员起广大人民群众，更不要说领导人民艰苦奋斗。

原本，大革命时期的北伐军是革命力量，但在北伐过程中，一些原属北洋军阀的地方军阀纷纷投靠了蒋介石，使蒋介石部队中的军阀势力已经远远超过以带有革命精神的黄埔军校为班底的第一军。这些军阀进入国民党后，按照军队力量的大小得到官位。美国学者易劳逸认为："在 1929 年，十个部长中至少有四个是由北洋军阀阵营的人担任……然而，同旧的政治力量妥协造成的长期后果是难以数计的。最直接的后果或许就是它们把军阀的价值观念、态度和方法随身带到了南京。"①

蒋介石集团在获得政权后，迅速形成以"蒋宋孔陈"为代表的大家族，利用政府权力控制金融和商业命脉，大肆攫取国民财富。上行下效，贪腐横行。为了加强统治，蒋介石成立特务组织，维护独裁统治。

蒋家王朝的阶级基础和政权性质，决定了它不能动员人民群众，不可能完成反帝反封建的任务，不可能真正完成救亡的历史使命。

二、 我们不是为酬劳而工作

1947 年，美国记者杰克·贝尔登采访晋冀鲁豫根据地。他惊讶地发现，根据地政府部门竟能够以极少的财政收入维持运转，而且，这些政府"官员"不仅要工作，还要自己种粮食、种菜来补贴食品的不足。当时边区政府副主席兼财政厅长的戎伍胜（即戎子和）对他解释说："第一，大多数在这里工作的干部都是自愿来的。我就是个例子。我投奔这里来，因为我无法忍受蒋介石统治区的情况。我离开家庭、家人和一份优职。这些抛弃一切的行动都是出于革命的动机。我们全都几乎不为任何的酬劳而工作，我们只要少许的粮食便可过活……再其次，我们大家——不单政府干部，军人也是如此——都一定在正规

① 易劳逸著，陈谦平、陈红民等译：《1927—1937 年国民党统治下的中国流产的革命》，中国青年出版社 1992 年版，第 15—16 页。

职务之外，参加某种生产。"①

为了革命而工作，而不是为了报酬而工作，戎伍胜所说的这种精神，就是中国共产党的革命精神。在中国共产党的革命先辈身上，这种革命精神是非常普遍的。

中国共产党领导的新民主主义革命，反帝、反封建、反官僚资本，领导阶级是无产阶级，同盟军是农民阶级。在革命时期，中国共产党经济困难，活动经费非常有限，除了工作经费，党员的生活经费是非常少的，很多党员一方面要冒着生命危险以高度的热情投入革命工作，另一方面又要自己挣钱养活自己和家庭。比如著名作家夏衍，他是我党左翼文化工作的重要领导者。夏衍在上海组织左翼文化革命活动时，食宿是靠自己的朋友蔡叔厚提供的。后来，夏衍开始进行翻译工作，从 1928 年到 1934 年，他便以此谋生。他在晚年回忆录中写道："译书就成了我的公开职业。我自己规定每天一清早起来就译书，每天译两千字，译完之后，还有充分的时间可以做别的工作。当时，译稿费大概每千字两元，我每天译两千字，我就每月可以有一百二十元的收入，这样，在文艺界的一群穷朋友中，我不自觉地成了'富户'。"②

自愿工作，不为报酬，不畏艰险，只要有一点粮食就能工作，甚至要自己谋生，这就是新民主主义革命时期中国共产党革命精神的最生动写照。

革命者的革命精神是与革命的本质特征和革命的内在要求是紧密联系的。无产阶级革命的最主要特征之一，就是无产阶级在经济、政

---

① 杰克·贝尔登著、邱应觉等译：《中国震撼世界》，北京出版社 1980 年版，第 125 页。
② 夏衍：《懒寻旧梦录》（增订本），中华书局 2016 年版，第 85 页。

治和文化等方面都处于被压迫的最底层。因此，无产阶级的解放首先是整个社会所有被压迫阶级的解放。恩格斯曾指出："这个斗争现在已经达到这样一个阶段，即被剥削被压迫的阶级（无产阶级），如果不同时使整个社会永远摆脱剥削、压迫和阶级斗争，就不再能使自己从剥削它压迫它的那个阶级（资产阶级）下解放出来。"[①] 如果没有整个社会以至于全人类的解放，就没有无产阶级的真正解放。如果没有无产阶级的真正解放，就不可能有无产者个人的解放。因此，无产阶级革命崇尚国际主义、集体主义，无产阶级个人解放必须与无产阶级的整体解放相结合，革命者为了个体的解放，首先要献身于无产阶级的解放事业。

中国新民主主义革命更是如此。中国革命要推翻的是帝国主义、封建主义和官僚资本主义，中国人民要面对强大的敌人，要面对统治者强大的经济力量、政治力量、军事力量和文化力量，因此，中国革命必然是长期的、残酷的武装斗争。被压迫者个人的解放，必须以被压迫阶级和被压迫民族的整体解放为前提。为被压迫阶级和被压迫民族的解放而斗争，也是为个体的解放而斗争。因此，一个真正的革命者，首先要为中国人民的解放事业而斗争，要主动地克服各种困难，甚至牺牲生命。这个过程也就是革命者个人的解放过程，也是个人价值的实现过程。

这就是革命精神，是一种高度自觉的、崇高的献身精神。在中国艰苦卓绝的新民主主义革命中，形成了一种"一不怕苦，二不怕死"，为革命而献身的革命精神。通俗一些说，中国共产党人是为了人民的

---

①《马克思恩格斯选集》第一卷，人民出版社 1995 年版，第 252 页。

解放事业而努力工作，而不是为了个人利益，如金钱、地位而工作。

延安时期，毛泽东在《纪念白求恩》《为人民服务》《愚公移山》等文章中对革命精神进行了总结和概括，指出其最重要的特征。

第一，从个人精神境界的角度来看，革命精神是为了人民的解放事业而无私地工作。毛泽东号召广大党员学习白求恩："我们大家要学习他毫无自私自利之心的精神。从这点出发，就可以变为大有利于人民的人。"[1]

第二，从中国共产党和革命军队的宗旨来看，革命精神是一个革命的党、一支革命的军队、一个革命者，为了人民的解放事业而奋斗，为了人民的利益而工作，甚至于牺牲生命的精神。在《为人民服务》中，毛泽东指出："我们的共产党和共产党所领导的八路军、新四军，是革命的队伍。我们这个队伍完全是为着解放人民的，是彻底地为人民的利益工作的。"[2]

第三，从战胜强敌的角度来看，革命精神就是在面对强敌时，勇于斗争、敢于胜利、艰苦奋斗的精神。在《愚公移山》中，毛泽东指出："我们宣传大会的路线，就是要使全党和全国人民建立起一个信心，即革命一定要胜利。首先要使先锋队觉悟，下定决心，不怕牺牲，排除万难，去争取胜利。但这还不够，还必须使全国广大人民群众觉悟，甘心情愿和我们一起奋斗，去争取胜利。"[3]

总之，革命精神就是为了人民的解放事业，敢于面对一切艰难险阻，艰苦奋斗、不怕牺牲、无私地为人民服务的精神。

---

[1]《毛泽东选集》第二卷，人民出版社 2006 年版，第 660 页。

[2]《毛泽东选集》第三卷，人民出版社 2006 年版，第 1004 页。

[3]《毛泽东选集》第三卷，人民出版社 2006 年版，第 1101—1102 页。

三、 艰苦奋斗， 党员干部率先垂范

1941 年，日本侵略军对抗日根据地进行"扫荡"，国民党顽固派对抗日根据地进行经济和军事封锁。当时，陕甘宁边区的财政陷入极度困难的境地，已经无法支撑政府、军队和学校的大量人员的开支。1942 年，延安的党政机关、军队和学校等开展大生产自救运动，自己办工业、农业和商业，自己动手，丰衣足食，通过自力更生、艰苦奋斗打破了敌人的经济封锁。1943 年，毛泽东对敌后根据地的干部提出："党委、政府和军队，必须于今年秋冬准备好明年在全根据地内实行自己动手、克服困难（除陕甘宁边区外，暂不提丰衣足食口号）的大规模生产运动，包括公私农业、工业、手工业、运输业、畜牧业和商业，而以农业为主体……一切机关学校部队，必须于战争条件下厉行种菜、养猪、打柴、烧炭、发展手工业和部分种粮。"[1] 对于边区部队，毛泽东提出："边区的军队，今年凡有地的，做到每个战士平均种地十八亩，吃的菜、肉、油，穿的棉衣、毛衣、鞋袜，住的窑洞、房屋，开会的大小礼堂，日用的桌椅板凳、纸张笔墨，烧的柴火、木炭、石炭，差不多一切都可以自己造，自己办。我们用自己动手的方法，达到了丰衣足食的目的。"[2]

在自力更生、艰苦奋斗中，党员干部走在最前面，中央领导人更是以身作则，发挥带头作用。毛泽东自己开垦了一块菜地；朱德组织了一个生产小组，开垦了三亩菜地；在中央直属机关组织的纺线比赛

---

[1]《毛泽东选集》第三卷，人民出版社 2006 年版，第 911 页。

[2]《毛泽东选集》第三卷，人民出版社 2006 年版，第 929 页。

中，任弼时获得过第一名，周恩来获得过"纺线能手"称号。①

1946 年，美国记者安娜·路易斯·斯特朗来到延安，描绘了当时大生产的景象："政府所有各部都是一样的，在业余时间生产粮食和衣服。如果你去访问一位政府领导人或一位大学教授，就会发现他们正在那里种西红柿或在平台上用手摇车纺线。通往朱德和毛泽东窑洞的山坡小道上都种满了一排排的玉米和西红柿。美军大院的翻译人员业余所种的地在一英里外的山地上。文化协会有一个新开垦的农场，有一小部分人一年到头都在那里。到收割期间，著名作家、雕刻家和音乐家都到那里去帮忙收割庄稼。"②

如果理解了中国共产党的先进性和共产党人的革命精神，就会深刻地理解独立自主和自力更生，就会理解艰苦奋斗的大生产运动，就不会对根据地政府负责人自己种粮种菜感到奇怪，也就不会对中国共产党领导的根据地政府能够在拥有极少的财政资金情况下高效运转感到奇怪。更进一步说，就会理解大庆精神，就会理解在大庆油田建设中为什么干部职工能够一边进行油田会战一边种地种菜，就会理解为什么在国家投入有限尤其是生活方面投入有限的情况下大庆油田会战能够取得成功。

在大庆油田会战中，时任石油工业部部长的余秋里，在延安大生产时期，是八路军第 358 旅第 8 团团长。当大庆油田后勤供应困难时，他第一时间想起来的就是"自己动手，丰衣足食"的大生产运动。大生产运动和大庆石油会战的内在革命精神是一致的，一不怕苦

---

① 本书编写组：《中国共产党简史》，人民出版社、中共党史出版社 2021 年版，第 94 页。
② 安娜·路易斯·斯特朗著，刘维宁、何政安、郑刚译：《中国人征服中国》，北京出版社 1984 年版，第 102—103 页。

二不怕死的革命精神又必须以中国共产党的先进性为前提。

第三节　人民为了自己的明天而奋斗

中国共产党之所以能够领导人民自力更生，艰苦奋斗，是因为中国共产党代表先进生产力，要领导人民建立人民民主国家，使人民当家作主，成为国家的主人。因此，在革命时期，根据地军民是为了自己翻身解放而斗争；中华人民共和国成立后，人民成为国家的主人，人民群众作为主人翁，是在为自己的美好明天而奋斗。

一、　人民军队在艰苦的环境中不断壮大

以大历史观闻名的历史学家黄仁宇，1941 年在国民党军队任少尉排长。这一年太平洋战争爆发，国民党大后方物资奇缺，物价飞涨十余倍。当时黄仁宇月薪 42 元，而在云南驻地村镇吃一碗面就要花 3 元。更别提士兵了，他们无牙刷、毛巾、肥皂，全排用一块粗布擦脸，一个士兵眼睛发炎，全排被传染。当地有土匪出价 7000 元购买军队的轻机枪，于是晚上睡觉时，有些国民党部队不得不用链条把枪锁起来，否则就会有士兵携枪潜逃。[①] 这样的军队，哪里能有战斗力？如果不是国民党军队以严酷手段惩治逃兵，士兵们早就都跑了。

---

① 黄仁宇：《从大历史的角度读蒋介石日记》（增订版），九州出版社 2011 年版，第 172、175 页。

与此形成鲜明对比的是，中国共产党领导的八路军、新四军，能够到敌人后方去，在极其艰苦和危险的情况下，化整为零，开辟敌后抗日根据地。八路军和新四军分派干部时，一纸任命，一个人，没有钱，没有枪，就这样到敌后发展抗日武装。星星之火，逐渐燎原，广阔的抗日根据地形成了，抗日武装也在艰苦的条件下不断壮大。

为什么两者有这样巨大的差别呢？

一个原因前面已经论述，即党的先进性，中国共产党人以革命精神献身革命事业。还有一个原因，就是中国革命是新民主主义革命，中国革命所建立的武装是人民民主武装，是人民的军队，是人民争取翻身解放的军队，它具有强大的凝聚力和战斗力，能够战胜一切艰难困苦。

国民党军队是统治者雇佣的军队，其组织依靠的是发军饷。在打仗时，如果遇到重要堡垒久攻不下，国民党指挥官往往悬赏大洋，招募敢死队。在攻打富裕城镇时，一些地方军阀为了鼓舞士气，就给士兵许诺，打下城镇后给士兵"放假"三天。所谓"放假"，就是放纵士兵烧杀抢掠，让士兵抢个够，以此代替奖赏。但是，一旦生活困难，军饷发不出来，士兵不断潜逃，军队就打不了仗。这也是抗日战争时期国民党政府不断强行抓壮丁补充兵员的原因。

中国共产党领导的人民军队则完全不同。人民军队是一支革命化的、建立了人民民主制度的军队。简而言之，士兵和军队的关系不是雇佣关系，士兵是军队的主人，拥有自己的民主权利。在革命军队中，形成了政治民主、经济民主和军事民主制度。

革命军队的民主制度开始于红军时期，主要体现在军队中的政治民主和经济民主上。在原则上，士兵对军事政治、军事管理有建议、监督、批评的权利，军队内部设有士兵委员会①。士兵委员会主要维护士兵的民主权利，代表士兵利益，参与军队管理，维持军队秩序，厉行士兵政治教育及对外做群众运动。1929 年 12 月通过的《古田会议决议》规定："红军中，官兵之间只有职务的分别，没有阶级的分别；坚决废止肉刑、废止辱骂；让士兵有说话的权利，反对打击报复；克服极端民主化，保证民主生活的正常开展；军官必须关心战士、照顾伤病兵，并将其'定为一种制度'。"②

毛泽东作为当时军事斗争领导人，对以士兵委员会为形式的民主制度给军队带来的本质变化有深刻的认识："红军士兵大部分是由雇佣军队来的，但一到红军即变了性质。首先是红军废除了雇佣制，使士兵感觉不是为他人打仗，而是为自己为人民打仗。红军至今没有什么正规的薪饷制，只发粮食、油盐柴菜钱和少数的零用钱。"③ 民主制度给军队带来了巨大的凝聚力和战斗力，"红军的物质生活如此菲薄，战斗如此频繁，仍能维持不敝，除党的作用外，就是靠实行军队内的民主主义。官长不打士兵，官兵待遇平等，士兵有开会说话的自由，废除烦琐的礼节，经济公开。士兵管理伙食，仍能从每日五分的油盐柴菜钱中节余一点作零用，名曰'伙食尾子'，每人每日约得六七十文。这些办法，士兵很满意"④。

抗日战争时期，八路军的军事民主不断发展。在军事训练上，实行民主训练，"官教兵、兵教官、兵教兵"，改变了单纯由干部训练、

---

① 士兵委员会最初是权力机构。由于军事斗争有其特殊性，为了克服极端民主化的错误，在军事决策上，把士兵委员会的权力限制在建议、批评上，但一旦命令下达，必须执行。

② 袁文莉、王诗敏：《人民军队民主制度建设的历史与启示》，《军事历史》2013 年第 4 期。

③《毛泽东选集》第一卷，人民出版社 2006 年版，第 63—64 页。

④《毛泽东选集》第一卷，人民出版社 2006 年版，第 65 页。

强制惩罚的办法，调动干部战士训练的积极性和创造性。另外，军事民主不断深化：作战前，官兵共同研究作战实施方案；作战过程中，在指挥员的领导下，官兵共同研究攻克敌人阵地的战术、技术；作战后，官兵对战术、技术、纪律、作风共同进行总结评价。

1948 年 1 月 30 日，毛泽东为中央军委起草指示，提出军队内部的政治民主、经济民主和军事民主，说："部队内部政治工作方针，是放手发动士兵群众、指挥员和一切工作人员，通过集中领导下的民主运动，达到政治上高度团结、生活上获得改善、军事上提高技术和战术的三大目的。"①

红军、八路军（新四军）以数万弱小兵力，在装备落后的情况下，能够不断开辟根据地，能够一边战斗一边生产，能够高度分散又能迅速集结，能够不断战胜强敌，就是因为这是一支人民民主军队，而人民民主保障每个士兵的个人权利和尊严。人民军队为了人民翻身解放而战斗，同时，每个士兵也是为自己的解放而战斗。

二、 人民是国家的主人

在大庆油田会战中，"铁人"王进喜提出"宁肯少活二十年，拼命也要拿下大油田"。王进喜这么说，也是这么做的。

在一次钻井打到 700 多米时，突然发生了王进喜一直担心的井喷。原油在高压下形成油柱喷向天空，有几十米高。这时，专门防止井喷的重晶石粉还没运到。危急关头，王进喜带头扛起加固油井用的

---

① 中共中央文献研究室：《毛泽东年谱（一八九三—一九四九）》（下卷），中央文献出版社 2013 年版，第 272 页。

水泥往泥浆池里倒。但水泥沉入水底，井喷制止不住。这时，王进喜带头跳进了泥浆池，和工人们一起，用身体搅拌水泥，3 个小时后，井喷终于被制止。王进喜原来受伤未愈的腿自此落下了严重的关节炎。①

"铁人"王进喜的精神并非特例，而是中华人民共和国昂扬向上的精神的代表。

20 世纪 50 年代初，印度德里大学的一个代表团访华。初到中国，访华团中的一位教授很困惑，他感觉到，中国人民有一种朝气蓬勃的气象和奋发有为的精神，印度却没有。在中国住了一段时间后，这位教授得出结论："我明白了那个缘故。这就是经过革命和没经过革命的分别。印度所缺少的就是一场革命。"②

革命与未革命的差别在哪里呢？

中国共产党领导中国人民建立起人民民主专政国家，人民开始当家作主，激发出高度的主动性和创造性。这就是革命与未革命的根本差别。中国人民这种昂扬向上的精神就是主人翁精神，"铁人"王进喜就是这种主人翁精神的代表。

中国人民在中国共产党领导下求生存、求独立、求发展、求复兴，这是一条昂扬向上的历史轨迹，又是一条奋发图强、艰苦奋斗赶超西方的筚路蓝缕之路，同时也是中华民族总动员的历史过程。这一历史过程的核心，就是人民真正成为国家的主人，实现当家作主。

因此，中国的革命历史就是中国人民翻身解放成为国家主人的历史。在新民主主义革命中，中国人民在中国共产党的领导下，在农村

---

① 《"铁人"王进喜：宁肯少活二十年，拼命也要拿下大油田》，《石油政工》2009 年第 5 期。
② 冯友兰：《三松堂自序》，东方出版社 2016 年版，第 144—145 页。

建立革命根据地，实行工农武装割据，建立了人民民主政权。

1927年11月28日，江西茶陵县工农兵政府成立。根据毛泽东的倡议，自下而上民主推举产生政府领导人。先由基层推选出工人代表谭震林、农民代表李炳荣、士兵代表陈士榘，组成新政府常委，再由代表推举谭震林任政府主席，然后设立了民政、财经、青工、妇女等部门。茶陵县工农兵政府的组成人员主要是工人、农民、士兵代表，并吸收革命知识分子。在政权建设中，茶陵县工农兵政府充分发挥了工农兵代表大会的作用。茶陵县工农兵政府的领导人是自下而上层层推举出来的，因而，这个政权来自群众，代表群众，能赢得群众的承认和拥护。

江西茶陵县工农兵政府是井冈山革命根据地的第一个县级红色政权，是一个工农真正当家作主的政权。在这之后，人民民主政权历尽艰难，从苏区的工农兵苏维埃发展为抗日根据地的"三三制"政府。中国共产党领导的各抗日根据地的"三三制"政府实行普选制。当时，大多数农民不识字，无法投票。在这种情况下，各种灵活多样的选举形式被创造了出来，最有代表性的就是投豆入碗的"豆选"法。边区和各根据地的民主实验以及由此带来的新气象，给来到这里的中外记者留下了深刻印象。解放战争时期，解放区根据人民民主原则建立边区人民政府。1948年9月26日，华北人民政府成立。1949年10月1日，中国共产党领导中国人民建立全国性的政权——中华人民共和国。中华人民共和国是工人阶级领导的、以工农联盟为基础的人民民主专政的社会主义国家。人民当家作主，是国家的主人。

人民真正当家作主，才能浴血奋战，才能艰苦奋斗，革命才能取得胜利。

在人民民主政权建立和发展的过程中，首先要克服群众的政治冷漠，尤其是农民的政治冷漠。在长期的封建压迫下，农民往往屈从命运，逆来顺受，回避官员，忌打官司，固守成规，封建保守。与其说这是精神愚昧，还不如说这是被压迫者长期形成的"生存智慧"。中国革命所要做的，就是要人民真正参与选举，参与决策，进行监督，获得真正的经济利益，使政权成为真正的人民政权，这样的政权才能真正得到人民的拥护。要激发农民参政的积极性，除了形式多样的教育宣传，最重要的就是让农民觉得这是自己的政权。因此，毛泽东在土地革命战争时期就指出："我们要胜利，一定还要做很多的工作。领导农民的土地斗争，分土地给农民；提高农民的劳动热情，增加农业生产；保障工人的利益；建立合作社；发展对外贸易；解决群众的穿衣问题，吃饭问题，住房问题，柴米油盐问题，疾病卫生问题，婚姻问题。总之，一切群众的实际生活问题，都是我们应当注意的问题。"① 在抗日根据地边区政府中，基层政权努力清除民愤大的恶霸流氓，清除过去的"衙门气"，在处理各种问题时力争合理公正，不偏向富人和有权势的人。其中的关键是要让农民说话确实管用，能够对直接管理他们的权力机构进行监督、批评。为此，"在乡村这一级，除了以前的村民（或乡民）大会外，设立了村民代表会，作为村民大会的常设机构。村民代表会由村长和各个公民小组选出的代表组成，平时有权过问村里的一切事务，并监督村公所的工作"②。

在人民民主政权的发展中，原来受到残酷剥削和压迫的工人、农民、士兵等，在革命政权中获得了真实的政治权利和经济权利。具体

①《毛泽东选集》第一卷，人民出版社 2006 年版，第 136—137 页。
② 张鸣：《抗日根据地的基层政权建设》，《党史纵横》2006 年第 1 期。

而言，在革命中，农民获得了土地；在农村革命政权中，农民获得了选举、参政和议政的权利。当农民获得土地并能够支配自己的劳动成果时，当人民民主政权能够真正关心农民的根本利益时，这些农民就成了自己事务的主人。这时，一旦有外来敌人侵犯时，他们就会为自己的政治地位和经济利益而战。广而言之，当人民为了主宰自己的命运、保护自己的政治地位和经济利益而战斗时，这种战争就是人民战争，人民群众中蕴藏的伟大力量就会爆发而出，战胜一切貌似强大的敌人。同样的道理，当人民成为国家的主人时，"国家"的事情就是"我"的事情，人民群众就会焕发出巨大的热情，以高度的主人翁精神投入经济建设，为了未来美好生活去自力更生、艰苦奋斗，去克服各种艰难险阻。

三、 一切为了人民， 一切依靠人民

在现实工作中，党的先进性、人民当家作主集中地体现于党的根本工作路线——群众路线中。群众路线坚持一切为了人民，一切依靠人民，汇聚人民群众的意愿、热情和智慧，形成克服一切艰难险阻的力量。

第一，一切为了群众。

坚持一切为了群众，就是坚持为人民服务的党的宗旨，就是坚持人民当家作主。同时，也只有在决策中坚持为人民服务，维护人民当家作主，体现人民的根本利益时，决策才能得到人民群众的拥护，才能激发人民的热情。

第二，一切依靠群众。

人民是历史的创造者。只有依靠人民，相信人民，才能克服一切艰难险阻，取得最终的胜利。在革命时期，毛泽东一再强调依靠人民，相信人民。在土地革命战争时期，毛泽东指出："真正的铜墙铁壁是什么？是群众，是千百万真心实意地拥护革命的群众。这是真正的铜墙铁壁，什么力量也打不破的，完全打不破的。"① 1945 年，毛泽东在《论联合政府》中总结革命经验时说："应该使每一个同志懂得，只要我们依靠人民，坚决地相信人民群众的创造力是无穷无尽的，因而信任人民，和人民打成一片，那就任何困难也能克服，任何敌人也不能压倒我们，而只会被我们所压倒。"②

一切依靠群众，就是相信人民群众的主动性和创造性。在中国革命中，中国共产党领导的革命事业不断发展壮大的一个重要原因就是相信群众。美国记者安娜·路易斯·斯特朗这样写道："共产党不像皇帝那样，只搞法令和恩赐。他们提高农民的觉悟去夺取土地，同时夺取政权。'不要犯恩赐土地给农民的错误。'领导叮嘱干部说，'我们共产党员人数少，无权恩赐土地，只有全体农民起来干，事情才能成功。'"③ 中国共产党百年以来取得巨大成就，不是因为中国共产党凌驾于人民之上，去"拯救"人民，去"恩赐"人民，而是因为中国共产党来到了人民之中，依靠人民，激发了人民的积极性，使他们自己主动组织起来，去争取美好的生活。

第三，从群众中来，到群众中去。

这是党的基本工作方法，是为了群众、依靠群众、相信群众在工

---

① 《毛泽东选集》第一卷，人民出版社 2006 年版，第 139 页。
② 《毛泽东选集》第三卷，人民出版社 2006 年版，第 1096 页。
③ 安娜·路易斯·斯特朗著、刘维宁等译：《中国人征服中国》，北京出版社 1984 年版，第 110 页。

作方法中的体现。毛泽东指出："在我党的一切实际工作中，凡属正确的领导，必须是从群众中来，到群众中去。这就是说，将群众的意见（分散的无系统的意见）集中起来（经过研究，化为集中的系统的意见），又到群众中去作宣传解释，化为群众的意见，使群众坚持下去，见之于行动，并在群众行动中考验这些意见是否正确。然后再从群众中集中起来，再到群众中坚持下去。如此无限循环，一次比一次地更正确、更生动、更丰富。这就是马克思主义的认识论。"① 坚持群众路线，就要深入群众，去了解群众的真实愿望，去了解群众对事情的认识，然后将其体现在政策的制定和执行中。在政策制定后，还要去征求人民群众的意见。对此，习近平形象地说："在人民面前，我们永远是小学生，必须自觉拜人民为师，向能者求教，向智者问策；必须充分尊重人民所表达的意愿、所创造的经验、所拥有的权利、所发挥的作用。"② 从群众中来，到群众中去，最关键的一点就是倾听群众的声音，听真话，听批评，及时了解政策及其执行中的问题。

任何路线、方针和政策，只有真正反映人民的利益和愿望，充分保障人民的国家主人地位和民主权利，才能唤起人民群众的主动性和积极性。只有在这种情况下，人民才会在党的领导下，艰苦奋斗，排除万难，争取胜利。一些发展中国家，忽视人民的利益和权利，完全依靠强制来推行国家政策，强迫人民做事，最后往往失败。美国学者詹姆斯·C. 斯科特通过对马来西亚一个村庄的农民进行研究，发现了农民对违反其利益的政府政策的反抗形式，并称之为"弱者的武

①《毛泽东选集》第三卷，人民出版社 2006 年版，第 899 页。
②《习近平谈治国理政》（第一卷），外文出版社 2015 年版，第 27 页。

器"："相对的弱势群体的日常武器有：偷懒、装糊涂、开小差、假装顺从、偷盗、装傻卖呆、诽谤、纵火、暗中破坏……他们的行动拖沓和逃跑等个体行动被古老的民众反抗文化所强化，成千上万地累积起来，最终会使得在首都的那些自以为是的官员所构想的政策完全无法推行。"①

总之，没有党的先进性，没有人民当家作主的主人翁地位，没有群众路线，就不可能有自力更生、艰苦奋斗，也就无法独立自主。

第四节　五千年中华文明积淀的深厚文化底蕴

"中华优秀传统文化源远流长、博大精深，是中华文明的智慧结晶。"② 中国近现代史是中华五千年文明的有机组成部分。中国共产党领导中国人民在救亡图存、奋发图强中形成的独立自主精神，积淀着五千年中华文明的精华，发扬了中华文明刚健有为的精神。

一、 大国深厚文化底蕴， 中华民族志向高远

独特的地理环境、生产方式等使中国形成了独特的政治制度和文化体系。关于中华文明，有三个特点是毋庸置疑的。

① 詹姆斯·C. 斯科特著，郑广怀、张敏、何江穗译：《弱者的武器》，译林出版社 2011 年版，前言第2—3 页。

② 习近平：《高举中国特色社会主义伟大旗帜　为全面建设社会主义现代化国家而团结奋斗——在中国共产党第二十次全国代表大会上的报告（2022 年 10 月 16 日）》，人民出版社 2022 年版，第 18 页。

第一，中华文明生命坚韧。

世所公认，中华文明是世界古老文明中唯一延续到当代的文明。中华文明五千年，其间虽然不乏治乱兴衰、朝代更迭，但民族一直以汉族为绝对主体；文字从甲骨文开始，不断发展，演进过程清晰可辨；先秦"百家争鸣"，汉代以来以儒家为尊，儒、道、法、释等主要思想不断被注释阐发，传承有序；秦代郡县制为后代王朝所承袭；北方游牧民族入主中原，都要主动汉化，废其旧制，依从汉制，立年号、庙号、谥号，以示"纂承大统"；汉民族恢复政权后，进入中原的游牧民族融入中华民族。

第二，中华文明海纳百川，博大精深。

中华文明以中原文明为中心，以农耕、兼并、融合三位一体的独特发展模式，不断汇聚四方文明，使中国从东亚之中国发展为亚洲之中国，再发展为世界之中国。在东亚之中国阶段，中华史前文明呈"满天星斗"状，以关中（陕西）、晋南、豫西为中心的中原文明与周边各文明交流碰撞，发展壮大，影响辐射东亚。在亚洲之中国阶段，秦、汉、唐、宋建立统一的中央王朝，中华文明与南亚、中亚、北亚各文明不断交流碰撞，汇聚融合。元明以降，进入世界之中国阶段，中国的丝绸、瓷器成为世界贸易的重要产品，美洲的白银源源不断地流向中国。中华文明一经形成，就具有开放性和包容性，能够在开放中吸收异质文明，在包容中消化异质文明，在多元融汇中更新自身，海纳百川、兼收并蓄，五千年积淀，成就了中华文明的博大精深。

第三，中华文明光辉灿烂。

汉唐盛世、宋元繁荣，都是世界文明的高峰。在近两千年的历史中，在很多民族的记忆中，东方的中国是传说和神话中的国度，中国光辉灿烂的历史已经成为中华民族的集体记忆。

正因为有辽阔的国土、悠久的历史、曾经达到过的历史高度，中华民族不会甘于平庸，不会甘于沉沦，不会甘于被奴役。不管在什么样艰难困苦的情况下，中国人都会胸怀天下，放眼世界，树立高远的社会发展目标，将中华民族推向新的历史发展阶段。

二、 刚健有为的传统文化精神

刚健有为是中华传统文化精神之一。这是一种敢于面对大自然挑战、面对社会问题、面对个人困境，独立自主、坚韧不拔、奋发有为去战胜一切困难的精神。在我国上古神话中，女娲补天、后羿射日、大禹治水、夸父追日、刑天舞干戚、精卫填海都洋溢着一种战天斗地的精神。战国时期，这种精神被纳入哲学中。《易传》阐述了朴素的辩证法思想和"天行健，君子以自强不息"的精神，荀子提出"制天命而用之"的"有为"思想。在不断传承中，"刚健"和"有为"的宇宙观、天人观转化为人生观和价值观，成为中华民族君子人格的重要组成部分。刚健有为的君子人格主要表现在三个方面：从个人自我发展而言，要奋发自强；从个人对社会的责任而言，要有家国担当；当个人面对艰难困苦时，要坚韧弘毅。这些美德通过经典、格言、家训、人物故事等，教育、熏陶着一代又一代中国人。

先看个人的奋发自强。

奋发自强是指一个人不甘于现状，既不悲叹穷困窘境，也不沉迷堕落于锦衣玉食，而是立下鸿鹄之志，为远大目标不断努力奋斗的精神。在中国古代，个人奋发自强，提高道德修养，刻苦学习，是成为国家栋梁的最重要途径。

儒教高度重视道德修养，尤其强调人的自尊和自强。《孟子》就专门论述过这个问题："有孺子歌曰：'沧浪之水清兮，可以濯我缨；沧浪之水浊兮，可以濯我足。'孔子曰：'小子听之！清斯濯缨，浊斯濯足矣。自取之也。'夫人必自侮，然后人侮之；家必自毁，而后人毁之；国必自伐，而后人伐之。太甲曰：'天作孽，犹可违；自作孽，不可活。'此之谓也。"（《孟子·离娄上》）一个人、一个家庭、一个国家，如果遇到灾祸，被轻视侮辱，那么，首先是这个人、家庭、国家自己自贱自辱，没有奋发努力。对于个人、家庭、国家面临的问题，孟子不是将困境归结为外在的命运，而是归结为主体自身，强调主体的奋发有为。也正因为此，"嗟来之食"对中国人而言是一种莫大的耻辱。

中国传统社会推崇奋发有为，有着制度基础。中国自古以来就重视选贤与能。随着分封制的瓦解，官员不再世袭。实行郡县制后，皇帝必须选拔德才兼备的人做官员。西汉时，出现了荐举制度和征辟制度。荐举制度是由地方官员推荐人才，再由国家统一考试，根据考试结果任命官员。征辟制度是由上到下任命人才，直接任命民间的贤达做官员。隋朝以后，中国开始实行科举制，通过考试从民间选拔人才。这是一种相对公平的选拔制度，一直延续到清朝末期。

科举制给社会底层的读书人走向上层提供了一定的通道，使得一个人可以通过努力改变自己的社会处境，由此形成了中国传统士人自立自强的精神。中国古代关于年轻人发奋读书最终有所成就的故事很多，比较著名的有：孙敬"头悬梁"和苏秦"锥刺股"的刻苦钻研；

西汉儒学大家董仲舒认真读书，为学"三年不窥园"；西汉学者匡衡幼时家贫，不能点灯，为了学习，便"凿壁偷光"；西汉名臣路温舒幼年靠放羊为生，无钱买书，便编席抄书；晋代名臣车胤年少时刻苦勤学，但家贫无力买灯油，便"囊萤夜读"；晋代孙康幼年好学，也是没有灯油，便"映雪读书"；隋唐李密，"牛角挂书"，边走边读。因此，中国传统文化推崇个人道德修养和知识学习，重视个人奋发有为的精神。

再看家国担当。

汉代以来，儒学成为中国封建社会的主流意识形态。儒家把个人道德修养和家国担当有机结合起来，形成了"内圣外王"的文化心理结构。换而言之，家国担当意识是中国主流道德文化的核心，任何人的道德修养，最终都要体现在承担家国使命、报效国家上。

在儒家经典《大学》中，有关于这一点的明确论述："古之欲明明德于天下者，先治其国；欲治其国者，先齐其家；欲齐其家者，先修其身；欲修其身者，先正其心；欲正其心者，先诚其意；欲诚其意者，先致其知；致知在格物。物格而后知至，知至而后意诚，意诚而后心正，心正而后身修，身修而后家齐，家齐而后国治，国治而后天下平。"

在中国传统文化中，修身齐家治国平天下是联系在一起的。投身于家国天下，既是一个人的责任和义务，又是一个人提高道德修养的过程。当国家出现问题，尤其是危亡时刻，中国传统文化推崇家国天下的担当意识，倡导人们救国救民，甚至不惜献身。范仲淹的"先天下之忧而忧，后天下之乐而乐"，文天祥的"人生自古谁无死，留取丹心照汗青"，顾炎武的"保天下者，匹夫之贱，与有责焉耳矣"

（《日知录·正始》），都是这种精神的代表。每当国家危亡时刻，都会有志士仁人挺身而出，不计个人安危得失，为国家奋斗，为民族献身。

最后看，面对困境的坚韧弘毅。

不管是修德、求学，还是承担社会责任，人都要面对自然、社会、人生中各种各样的困难。对个人来说，生于富贵人家，要抵制安乐享受带来的诱惑；生于贫困人家，要突破各种各样的物质、精神限制。面对社会问题，或者解决具体问题，或者改革，或者革命，都要面临盘根错节的困难局面，甚至要面对敌对恶势力。因此，与奋发有为精神相伴随的，必然是坚韧弘毅、锲而不舍的精神。中国古代思想家非常重视一个人面对困境时坚韧弘毅的品质，这里仅列举几则著名论述：

"强行者有志。"（《老子》第三十三章）

"士不可以不弘毅，任重而道远。仁以为己任，不亦重乎？死而后已，不亦远乎？"（《论语·泰伯》）

墨子称道曰："昔禹之湮洪水，决江河而通四夷九州也。名山三百，支川三千，小者无数。禹亲自操橐耜而九杂天下之川。腓无胈，胫无毛，沐甚雨，栉疾风，置万国。禹大圣也，而形劳天下也如此。"（《庄子·天下》）

"富贵不能淫，贫贱不能移，威武不能屈，此之谓大丈夫。"（《孟子·滕文公下》）

"故不积跬步，无以至千里；不积小流，无以成江海。骐骥一跃，不能十步；驽马十驾，功在不舍。锲而舍之，朽木不折；锲而不舍，金石可镂。"（《荀子·劝学》）

同时，中国古代思想家认为，艰难困苦也是磨砺人的意志品质的重要因素，它能激发人的刚健有为精神，使人跃入新的人生境界。孟子的思想最有代表性："舜发于畎亩之中，傅说举于版筑之间，胶鬲举于鱼盐之中，管夷吾举于士，孙叔敖举于海，百里奚举于市。故天将降大任于是人也，必先苦其心志，劳其筋骨，饿其体肤，空乏其身，行拂乱其所为，所以动心忍性，曾益其所不能。"（《孟子·告子章句下》）因此，孟子认为："生于忧患，死于安乐。"

三、 刚健有为精神的现代传承

刚健有为精神是中华优秀传统文化的有机组成部分，它滋养着一代又一代中华儿女。在封建社会末期，封建王朝衰朽，主流意识形态僵化，刚健有为的内在精神往往被封建王朝僵硬的躯壳所束缚。但是，一旦中华民族面临内部或者外部的危机，这种精神就会迸发出来，成为救国救民的精神力量。

1840 年，中国开始遭受西方工业资本主义国家的侵略，这是中国第一次面临比自己更发达的文明的冲击，这是三千年未有的大变局！中华民族面临生死存亡的问题，求生存、求发展成为近现代中华民族的历史任务。要完成这个历史任务，中国人民就必须推翻帝国主义及其代理人在中国的统治，就必须推翻腐朽的封建势力，建立新社会，赶超欧美资本主义强国。也就是在这一历史时刻，中华民族的刚健有为精神迸发出来，成为推动中国进行维新变法、资产阶级革命、新民主主义革命和建设新中国的强大的精神力量。在与西方文化碰撞的过程中，刚健有为精神融入新思想，在中国革命实践中形成了革命精神，展现出丰富的形式，成为中国共产党领导中国人民坚持独立自主、不懈奋斗的强大精神力量。

在传统文化中，刚健有为核心价值观的哲学基础主要是《周易》的辩证法、变易的世界观和《荀子》的"天人"观，它们是中国古代哲学中朴素辩证法和朴素唯物主义的代表。19世纪末，进化论被介绍到中国，进化论的"物竞天择，适者生存"思想给中国人以强烈震撼，中国开始维新以自强。20世纪初，马克思主义传入中国。1917年，俄国十月革命爆发，马克思主义在中国迅速传播，成为中国革命的指导思想。马克思主义的唯物辩证法为刚健有为精神奠定了新的哲学基础，注入了新的精神元素。

中国革命者要进行民族解放战争和阶级解放战争，要推翻帝国主义、封建主义和官僚资本主义，就必须面对在经济上、政治上和军事上占有绝对优势的敌人。为了完成这个历史任务，革命者必须深入穷乡僻壤，不畏艰苦地最大限度地动员起一切被剥削者和被压迫者，联合一切被压迫民族，这就决定了在中国革命的历史进程中斗争极其残酷、条件艰苦卓绝。真正的革命者都是以救国救民为己任，以建立新社会为目标，不断奋斗，甚至不惜牺牲生命的。

可以说，中国的革命精神实际上是对中国传统文化刚健有为精神的传承。正因为有这种精神，中国的志士仁人才不屈不挠、前赴后继，不断地寻找救国救民真理，甚至献出自己的生命。很多革命者其实并非贫困者，而是生活富裕者，他们完全是出于"天下兴亡，匹夫有责"的责任感而投身革命，以坚韧弘毅、"穷且益坚，不坠青云之志"的大无畏精神探索革命道路的。正是这些人，以家国天下为己任，在刚健有为精神的激励下，不断寻找救国理论、救国道路和救国方略，投入革命洪流中。可以说，这些革命者接受的理论、思想、方针等是现代的，他们反对的具体目标是古老的封建社会、宗法等级制度、僵化的封建道德，他们的精神是中华优秀传统文化中的刚健有为精神。

在中国革命实践中，革命者将马克思主义与刚健有为的传统文化精神相结合，形成了革命精神。中国共产党人以无私的革命精神投入革命中，唤起广大人民群众参加革命的热情，形成势不可挡的革命力量，领导中国人民救亡图存，追求富强。也正是在这个过程中，中国共产党的独立自主原则得以孕育、发展和成熟。

第五章

新时代如何坚持独立自主

　　新时代以来，在新的历史条件下，以习近平同志为核心的党中央坚持和发展独立自主，取得丰硕成果。中国进入新的历史方位，前所未有地接近世界舞台的中央。当前，世界正在进入百年未有之大变局，空前的机遇和挑战并存。在未来的发展中，中国必须从两个大局出发，继续坚持独立自主，不断增强国家自主能力，应对可能出现的风险，为实现中华民族的伟大复兴而奋斗。

第一节　新时代独立自主原则的发展

进入新时代，党团结带领人民坚持独立自主。以习近平同志为核心的党中央坚持独立自主的和平外交政策，倡导构建人类命运共同体，积极参与全球治理，推动全球治理体系合理化；坚持中国特色社会主义道路，从国情出发，推动国家治理体系和治理能力现代化。以习近平同志为核心的党中央统筹安全与发展，提升国家自主能力，坚定文化自信，为实现中华民族伟大复兴凝聚中国力量。

一、 构建人类命运共同体， 做全球治理改革的积极推动者

中国独立自主的和平外交政策主要包含两个方面的内容：一方面，中国国家主权不容侵犯，内政不容干涉；另一个方面，打破不合理的国际政治经济旧秩序，构建国际政治经济新秩序。随着国力的提高，中国已经有能力抵御外部对中国主权的侵害、对中国内政的干涉。在新时代，推动构建国际政治新秩序主要表现在两个方面：倡导构建人类命运共同体和推动国际治理体系合理化。

2013 年 3 月，习近平在莫斯科国际关系学院发表演讲时，首次提出"人类命运共同体"这一理念。2015 年 3 月，习近平在博鳌亚洲论坛年会上指出，要通过迈向亚洲命运共同体，推动建设人类命运共同体。2015 年 9 月，习近平在联合国总部出席第 70 届联合国大会一

般性辩论时，发表《携手构建合作共赢新伙伴　同心打造人类命运共同体》的讲话，全面阐述以合作共赢为核心的新型国际关系理念，提出打造人类命运共同体"五位一体"的总路径和总布局：倡导建立平等相待、互商互谅的伙伴关系；营造公道正义、共建共享的安全格局；谋求开放创新、包容互惠的发展前景；促进和而不同、兼收并蓄的文明交流；构筑尊崇自然、绿色发展的生态体系。2017 年 1 月，习近平在日内瓦"共商共筑人类命运共同体"高级别会议上的主旨演讲中指出："让和平的薪火代代相传，让发展的动力源源不断，让文明的光芒熠熠生辉，是各国人民的期待，也是我们这一代政治家应有的担当。中国方案是：构建人类命运共同体，实现共赢共享。"① 习近平郑重声明：中国维护世界和平的决心不会改变，中国促进共同发展的决心不会改变，中国打造伙伴关系的决心不会改变，中国支持多边主义的决心不会改变。

"构建人类命运共同体"这一理念正在深入人心，发挥着越来越大的影响。2017 年 2 月 10 日，联合国社会发展委员会第 55 届会议协商一致通过"非洲发展新伙伴关系的社会层面"决议，呼吁国际社会本着合作共赢和构建人类命运共同体的精神，加强对非洲经济社会发展的支持。"构建人类命运共同体"理念首次被写入联合国决议。此后，在多项联合国重要决议中，都写上了"构建人类命运共同体"理念。

2017 年 10 月，"推动构建人类命运共同体"被写入党的十九大决议。"构建人类命运共同体"充满中国智慧，是我国独立自主的和

---

① 习近平：《共同构建人类命运共同体——在联合国日内瓦总部的演讲（2017 年 1 月 18 日，日内瓦）》，《人民日报》2017 年 1 月 20 日。

平外交政策的重要发展。

现代世界政治经济秩序是在西方兴起和扩张的过程中形成的，它以西方国家为中心，维护着西方国家的利益，是不公正、不合理的秩序。二战以后，西方殖民体系解体，殖民地和半殖民地国家纷纷独立，形成第三世界国家。从现代化的角度，这些国家也被称为发展中国家。这些国家虽然在政治上独立了，但是在经济上并没有真正独立，在国际事务上缺乏发言权，无法维护自己的利益。因此，国际治理体系需要合理化，国际治理体系的规则需要合理化。

21世纪以来，以中国为代表的发展中国家不断发展，西方国家发展趋缓。中国的经济总量已经排在世界前列，2010年，中国国内生产总值超越日本，成为世界第二大经济体。2019年，中国国内生产总值达近百万亿元，稳居世界第二，超过发达国家日、德、英、法四国国内生产总值的总和。2014年，国际货币基金组织根据主要国际组织常用的购买力评价标准，推算美国经济规模为17.4亿美元，中国经济规模为17.6亿美元。发达国家和发展中国家力量对比的深刻变化，进一步要求国际治理体系合理化。同时，随着科技的发展，人类交往越来越密切，出现了各种非传统安全问题，这些问题要求国际治理体系进行变革。

2014年6月28日，习近平在和平共处五项原则发表60周年纪念大会上发表讲话，高度评价和平共处五项原则的历史性贡献，提出坚持主权平等、坚持共同安全、坚持共同发展、坚持合作共赢、坚持包容互鉴、坚持公平正义。在讲话中，针对国际关系中仍然很突出的不公正不平等现象，习近平提出国际关系要民主化、法治化和合理化。习近平指出，"国家不分大小、强弱、贫富，都是国际社会平等成员，都有平等参与国际事务的权利……我们应该共同推动国际关系法治化……在国际社会中，法律应该是共同的准绳，没有只适用他人、不适用自己的法律，也没有只适用自己、不适用他人的法律……中国是当代国际体系的参与者、建设者、贡献者"①。

2016 年 9 月 27 日，中共中央政治局就二十国集团领导人峰会和全球治理体系变革进行第三十五次集体学习。习近平在学习时发表讲话指出，要抓住机遇、顺势而为，推动国际秩序朝着更加公正合理的方向发展，更好维护我国和广大发展中国家共同利益。

推动全球治理改革，维护发展中国家的利益，更好地维护人类长远利益，这些理念的提出极大地提升了中国的影响力和感召力。

二、 坚持中国特色的国家治理体系现代化

新时代中国坚持独立自主，走自己的路，突出地表现在以习近平同志为核心的党中央从国情出发，坚持、发展中国特色社会主义，正确处理党、政府和市场的关系，推进中国特色的国家治理体系现代化，保障、提升国家治理能力。

在改革开放的历史进程中，社会主义市场经济及相应的国家治理体系是改革的核心问题。关于这一问题，一直存在两种教条化的改革观。一种是把马克思主义经典的思想教条化，把特定历史时期的计划经济体制等同于社会主义制度，要求回归计划经济体制，取消市场机制，取消私营企业，建立完全围绕着计划经济体制的国家治理体系。

① 习近平：《弘扬和平共处五项原则建设合作共赢美好世界——在和平共处五项原则发表 60 周年纪念大会上的讲话（2014 年 6 月 28 日）》，《人民日报》2014 年 6 月 29 日。

这种观点忽视了我国处于社会主义初级阶段的国情，忽视了计划经济体制形成的具体的历史条件。随着改革开放逐渐取得举世瞩目的成就，要求回到完全的计划经济体制的改革观的影响力逐渐变弱。另一种是全盘西化的改革观。它把西方的市场经济理论教条化，主张全面私有化、市场化、国家最小化，取消公有制的主体地位，对国有企业进行私有化，要求取消国家统筹协调指导经济的职能，建立一种在现实的西方社会中也不存在的"守夜人"政府。在经济体制改革的同时，它还主张进行三权分立式的政治体制改革，实行多党制，实现权力制衡，限制党的权力。

二者共同的错误是把社会主义基本制度和市场经济对立，把国家和市场的作用对立，把公有制的国企和私营企业对立，非此即彼。

党的十八届三中全会通过的《中共中央关于全面深化改革若干重大问题的决定》和党的十九届四中全会通过的《中共中央关于坚持和完善中国特色社会主义制度　推进国家治理体系和治理能力现代化若干重大问题的决定》从中国具体国情出发，推进国家治理体系和治理能力现代化，明确了坚持中国特色社会主义改革方向，明确了中国特色社会主义制度优势，厘清了党、政府、市场的关系，厘清了公有制和私有制的关系。以下三点尤为关键：

第一，坚持党的集中统一领导地位。"必须坚持党政军民学、东西南北中，党是领导一切的，坚决维护党中央权威，健全总揽全局、协调各方的党的领导制度体系，把党的领导落实到国家治理各领域各方面各环节。"①

————————

① 《中共中央关于坚持和完善中国特色社会主义制度　推进国家治理体系和治理能力现代化若干重大问题的决定》，《人民日报》2019 年 11 月 6 日。

第二，政府和市场的关系。要继续加强市场机制的作用，明确市场配置资源最有效率，明确市场机制在资源配置中要起决定性作用。政府的作用在于宏观调控，保持宏观经济稳定，提供公共服务，维持公平竞争的市场环境，让市场机制充分发挥作用。

第三，国企和民营企业的关系。坚持和完善公有制为主体、多种所有制经济共同发展的基本经济制度，发挥国有经济主导作用，不断增强国有经济活力、控制力、影响力。鼓励、支持、引导非公有制经济发展，激发非公有制经济活力和创造力。

在新时代国家治理体系中，党的全面领导、政府和市场、国企和私营企业，都执行着不同层面的功能，优势互补，形成强大的国家治理能力，既能保持经济的内在活力和效率，又能够全国一盘棋，调动各方面积极性，集中力量办大事。

新时代国家治理体系改革方向，强调中央的权威，强调国家对市场的宏观统筹调节，强调国企的战略支撑作用等。这一中国特色社会主义国家治理体系，表现出独特的中华文明特征，与中国传统治理体系有着明显的历史延续性。习近平指出："实践证明，中国特色社会主义制度和国家治理体系是以马克思主义为指导、植根中国大地、具有深厚中华文化根基、深得人民拥护的制度和治理体系，是具有强大生命力和巨大优越性的制度和治理体系，是能够持续推动拥有近十四亿人口大国进步和发展、确保拥有五千多年文明史的中华民族实现'两个一百年'奋斗目标进而实现伟大复兴的制度和治理体系。"[1]

---

[1]《中共中央关于坚持和完善中国特色社会主义制度　推进国家治理体系和治理能力现代化若干重大问题的决定》，《人民日报》2019 年 11 月 6 日。

三、　全面提升国家自主发展能力

以习近平同志为核心的党中央，高度重视国家安全，统筹国家发展与安全，不断提升国家自主能力，在复杂的国际环境中，牢牢把握中国发展的主动权。新时代提升国家自主能力主要表现在以下四个方面：

第一，统筹国家发展与安全。

以习近平同志为核心的党中央高度重视国家安全。2013 年 11 月 12 日，中央国家安全委员会成立。2014 年 4 月，中央国家安全委员会召开第一次会议，习近平总书记主持会议并发表重要讲话。针对全球化、信息化对国家安全的深刻影响以及国家安全面临的国内外复杂情况，习近平总书记提出总体国家安全观这一重要论述。习近平总书记指出："当前我国国家安全内涵和外延比历史上任何时候都要丰富，时空领域比历史上任何时候都要宽广，内外因素比历史上任何时候都要复杂，必须坚持总体国家安全观，以人民安全为宗旨，以政治安全为根本，以经济安全为基础，以军事、文化、社会安全为保障，以促进国际安全为依托，走出一条中国特色国家安全道路。"①

中央国家安全委员会坚持党的全面领导，全面贯彻落实总体国家安全观，初步构建了国家安全体系主体框架，形成了国家安全理论体系，完善了国家安全战略体系，建立了国家安全工作协调机制。在贯彻国家总体安全观的过程中，发展和安全两件大事得到统筹协调，发展成果夯实国家安全的实力基础，国家安全环境进一步推动发展，人

---

① 习近平：《坚持总体国家安全观　走中国特色国家安全道路》，《人民日报》2014 年 4 月 16 日。

民安全、政治安全、国家利益至上得到有机统一，国家安全工作得到全面加强。

第二，贯彻创新发展理念。

新时代伊始，习近平提出创新驱动新发展理念。2013 年 3 月 5 日，习近平在参加他所在的十二届全国人大一次会议上海代表团审议时指出："要突破自身发展瓶颈、解决深层次矛盾和问题，根本出路就在于创新，关键要靠科技力量。"① 2013 年 7 月 17 日，习近平来到中国科学院考察工作。他强调，要深化科技体制改革，增强科技创新活力，集中力量推进科技创新，真正把创新驱动发展战略落到实处。2014 年 8 月 18 日，习近平主持召开中央财经领导小组第七次会议，研究实施创新驱动发展战略。习近平总书记指出："实施创新驱动发展战略，就是要推动以科技创新为核心的全面创新，坚持需求导向和产业化方向，坚持企业在创新中的主体地位，发挥市场在资源配置中的决定性作用和社会主义制度优势，增强科技进步对经济增长的贡献度，形成新的增长动力源泉，推动经济持续健康发展。"② 习近平对实施创新驱动发展战略提出四点基本要求。一是紧扣发展，牢牢把握正确方向。要跟踪全球科技发展方向，要坚持问题导向，从国情出发确定跟进和突破策略，明确我国科技创新主攻方向和突破口。二是强化激励，大力集聚创新人才。三是深化改革，建立健全体制机制。四是扩大开放，全方位加强国际合作。要坚持"引进来"和"走出去"相结合，积极融入全球创新网络，全面提高我国科技创新的国际合作

---

① 习近平：《坚定不移深化改革开放　加大创新驱动发展力度》，《人民日报》2013 年 3 月 6 日。
② 习近平：《加快实施创新驱动发展战略　加快推动经济发展方式转变》，《人民日报》2014 年 8 月 19 日。

水平。

创新驱动发展具有重要意义。改革开放初期，我国与西方的科技水平有较大差距，从西方购买技术相对较容易。但是，从发展中国家的历史来看，西方跨国公司不会真正把技术转移给其他国家，它们牢牢把握着核心技术和研发部门，转让的往往是二三流技术，并通过这种手段将发展中国家技术水平"低端锁定"，使其掉入"落后—购买—再落后—再购买"的技术依赖陷阱。贯彻新发展理念，实施创新驱动发展战略，将会极大提升我国科技自主创新能力，推动经济高水平高质量发展。

第三，推动制造业产业升级。

2015 年，我国开始实施《中国制造 2025》。《中国制造 2025》是中国政府实施"制造强国"战略的首个十年纲领。我国的"制造强国"战略规划分为"三步走"：第一步，到 2025 年迈入制造强国行列；第二步，到 2035 年中国制造业整体达到世界制造强国阵营中等水平；第三步，到新中国成立一百年时，综合实力进入世界制造强国前列。中国实施《中国制造 2025》，推动中国制造产业升级，对我国发展具有重要意义。

全球化以来，国际产业分工出现了一种最新分工——产品内分工。这种分工由跨国公司主导，将一个产品的生产分为不同的环节，根据利润收益情况在全球布局，形成产业链和价值链。从整个产品价值链的角度来看，处于两端的研发、专利、品牌标准制定和市场营销、服务的附加值是非常高的，而制造环节附加值是最低的。产品附加值的这种两端高、中间低的特征，形成了一条微笑嘴型曲线，被产业界称为"微笑曲线"。毋庸讳言，我国现有的大多数传统制造业，往往集中在附加值最低的中间地带——制造环节。制造业附加值低导致我国沿海外向型制造业利润微薄。更重要的是，由于利润微薄，一旦国际经济出现重大波动，这些企业就会受到巨大冲击。因此，实施《中国制造2025》，推动产业升级，不仅能促进制造业发展，还会提升我国企业抵御国际风险的能力，保障我国经济安全。

第四，脱贫攻坚，释放我国市场潜力。

生产与消费是现代经济的核心环节。在现代社会，市场在一定意义上也是国家战略资源。巨大的国内消费市场使中国在世界上具有重要的影响力。释放中国国内市场潜力，是提升中国国家自主能力的重要途径。

2015年，在以习近平同志为核心的党中央的领导下，我国开始进行脱贫攻坚战。在全体党员干部和全国人民的共同努力下，中国人民完成了脱贫攻坚的历史任务。2021年2月25日，习近平总书记在全国脱贫攻坚总结表彰大会上向全国、向全世界庄严地宣告："经过全党全国各族人民共同努力，在迎来中国共产党成立一百周年的重要时刻，我国脱贫攻坚战取得了全面胜利，现行标准下9899万农村贫困人口全部脱贫，832个贫困县全部摘帽，12.8万个贫困村全部出列，区域性整体贫困得到解决，完成了消除绝对贫困的艰巨任务，创造了又一个彪炳史册的人间奇迹！"①

脱贫攻坚，是社会主义的本质要求。同时，提高贫困地区的生活水平和消费能力，也是释放我国国内市场潜力、增强我国经济自主能力的重要战略举措。

---

① 习近平：《在全国脱贫攻坚总结表彰大会上的讲话（2021年2月25日）》，《人民日报》2021年2月26日。

四、 文化自信是更基本更深沉更持久的力量

新时代坚持独立自主，突出地表现在坚定文化自信、弘扬中国精神、凝聚中国力量上。党的十八大以来，以习近平同志为核心的党中央，根据民族伟大复兴的历史任务，提出坚定文化自信。

中国共产党团结领导人民，把马克思主义和中国实际相结合，探索出一条中国特色社会主义道路，总结概括出中国特色社会主义理论体系，建立中国特色社会主义制度。中国特色社会主义道路是实现途径，中国特色社会主义理论体系是行动指南，中国特色社会主义制度是根本保障。在党的十八大上，党中央提出全党要坚定道路自信、理论自信、制度自信。

道路自信、理论自信、制度自信所体现的是民族自信心，是独立自主发展的自信心。党的十八大以来，以习近平同志为核心的党中央根据实现中华民族伟大复兴的历史任务，高度重视精神力量的巨大作用，在思考、阐释中国梦、中国道路和中国精神的内在联系中，进一步提出文化自信。

2013 年 3 月 17 日，在第十二届全国人民代表大会第一次会议上，习近平指出"实现中国梦必须弘扬中国精神"①。中国精神是指以先进文化为引领的、通过宣传和践行社会主义核心价值观所培育的精神，是以爱国主义为核心的民族精神和以改革创新为核心的时代精神。

———————
① 《十八大以来重要文献选编》（上），中央文献出版社 2014 年版，第 235 页。

2013 年 1 月，习近平在山东考察时深刻地指出："一个国家、一个民族的强盛，总是以文化兴盛为支撑的，中华民族伟大复兴需要以中华文化发展繁荣为条件。"① 在这个讲话中，习近平提出"中华文化发展繁荣"。如果说中国精神着重强调现代，中华文化则明显包含着中华优秀传统文化。

2013 年 12 月 26 日，习近平在纪念毛泽东同志诞辰 120 周年座谈会上的讲话中指出："独立自主是中华民族的优良传统，是中国共产党、中华人民共和国立党立国的重要原则。在中国这样一个人口众多和经济文化落后的东方大国进行革命和建设的国情与使命，决定了我们只能走自己的路。……站立在 960 万平方公里的广袤土地上，吸吮着中华民族漫长奋斗积累的文化养分，拥有 13 亿中国人民聚合的磅礴之力，我们走自己的路，具有无比广阔的舞台，具有无比深厚的历史底蕴，具有无比强大的前进定力。中国人民应该有这个信心，每一个中国人都应该有这个信心。"②

习近平强调独立自主是中华民族的优良传统，是中国共产党、中华人民共和国立党立国的重要原则。根据国情，根据中华民族的民族、国家利益走自己的路，就是独立自主。中国人民应该有信心走自己的路。这个信心的根据在于中国道路有自己深厚的历史底蕴，中华民族有深厚的优秀的中华文化底蕴。习近平把中国道路和中华文化的底蕴联系起来思考。这里并没有明确提出文化自信，但已经包含了文化自信的内容：对马克思主义的自信，对先进文化的自信，对优秀中

---

① 中共中央文献研究室：《习近平关于社会主义文化建设论述摘编》，中央文献出版社 2017 年版，第 3—4 页。

② 习近平：《在纪念毛泽东同志诞辰 120 周年座谈会上的讲话》，《人民日报》2013 年 12 月 27 日。

华传统文化的自信。

2014 年 10 月 14 日，习近平在文艺工作座谈会上发表讲话。他在讲话中指出："增强文化自觉和文化自信，是坚定道路自信、理论自信、制度自信的题中应有之义。"① 习近平在这里所说的文化自信，有三个着重点。其一，文化自信是和道路自信、理论自信、制度自信相统一的。其二，文化自信是和文化自觉相联系的。文化自觉是思想界和学术界长期关注的话题。文化自觉强调的是在东西文化碰撞中，正确认识中华文化的优缺点，同时也正确认识西方文化的优缺点。文化自信是建立在科学认识的基础上的。其三，习近平谈文化自信，针对的是思想文化界中崇洋思想和文化虚无主义，诸如"以洋为尊""以洋为美""唯洋是从"，把作品在国外获奖作为最高追求，跟在别人后面亦步亦趋、东施效颦，热衷于"去思想化""去价值化""去历史化""去中国化""去主流化"等现象。②

2016 年 7 月 1 日，习近平在庆祝中国共产党成立 95 周年大会上提出："坚持不忘初心、继续前进，就要坚持中国特色社会主义道路自信、理论自信、制度自信、文化自信，坚持党的基本路线不动摇，不断把中国特色社会主义伟大事业推向前进。"③ 文化自信被提升到与道路自信、理论自信、制度自信并列的高度。习近平强调"文化自信，是更基础、更广泛、更深厚的自信"④，把中华优秀传统文化、革命文化和社会主义先进文化内在联系起来，强调其作为中华民族最深层的精神追求、中华民族独特的精神标识的统一性。

---

① 习近平：《习近平在文艺工作座谈会上的讲话》，《人民日报》2015 年 10 月 15 日。

② 习近平：《习近平在文艺工作座谈会上的讲话》，《人民日报》2015 年 10 月 15 日。

③ 习近平：《在庆祝中国共产党成立 95 周年大会上的讲话》，《人民日报》2016 年 7 月 2 日。

④ 习近平：《在庆祝中国共产党成立 95 周年大会上的讲话》，《人民日报》2016 年 7 月 2 日。

2017 年 10 月，文化自信作为新时代文化建设思想的重要成果被写入党的十九大报告。

文化自信的重大意义就在于它提出了在西方文化霸权中，中国文化发展的独立自主问题。面对当今全球资本主义体系，中国要实现民族伟大复兴，走一条自己的路，就必须打破西方文化霸权，实现文化独立自主。用更通俗的话说，就是要有民族自信心，相信自己有自立于世界民族之林的能力，相信自己有能力找出一条自己的路实现复兴，通过科学认识和实践检验，相信自己选择的道路能够实现复兴。要对中华民族有肯定的、积极的自我认识和自我评价，敢于胜利，争取胜利。反之，如果失去民族自尊心和民族凝聚力，就会失去宝贵的发展机会，就会失去未来。

文化自信是毛泽东、邓小平独立自主思想中民族自信心、自尊心在新时代的发展。

第二节　新时代立足自身，增加国家自主能力

党的二十大报告指出："推进国家安全体系和能力现代化，坚决维护国家安全和社会稳定。"① 新时代坚持独立自主，最终要不断增强国家自主发展能力，应对突发地缘风险，保证我国能够持续发展，实现中华民族的伟大复兴。下面，就对这一问题做一些粗浅的探讨。

---

① 习近平：《高举中国特色社会主义伟大旗帜　为全面建设社会主义现代化国家而团结奋斗——在中国共产党第二十次全国代表大会上的报告（2022 年 10 月 16 日）》，人民出版社 2022 年版，第 52 页。

近年来，某些西方霸权国家遏制我国发展的意图越发明显。同时，国际上出现贸易保护主义、逆全球化现象和环境生态危机等不确定因素，并且有叠加可能。

我国在国家自主能力方面尚存在一些弱点，容易受到外部国际突发事件的影响。建设时期，在当时的国际环境下，我国经济完全依靠国内循环。进入改革时期，我国工业体系的进一步升级面临着一个突出问题，即一方面需要进口先进技术和设备，另一方面外汇极度短缺。为了解决这个问题，我国开始实行"国际大循环"发展战略。我国凭借完整的工业基础和劳动力优势，面向国际市场，在沿海地区大力发展劳动密集型产业，出口创汇，为重工业升级提供资金，以外循环推动内循环，进一步推动我国工业化发展。但是，"国际大循环"的特征是"两头在外、大进大出"，存在过于依赖国际市场和国际资源的问题，当地缘国际政治风险突发时，我国将面临严峻的产业安全、经济安全和国家安全问题。在新时代，中国坚持走中国特色社会主义道路，推动高质量发展，建设高水平开放型经济体，构建人类命运共同体，这些都要求中国首先有应对突发极端地缘政治风险的强大的国家自主能力。而冷战时期我国以国家安全为中心，以独立应对突发极端地缘政治风险为目标，坚持建立完整工业体系、建立三线战备大后方、石油和粮食等战略物资自给自足、财政稳健留有余地等独立自主发展战略，在新的历史条件下仍有其借鉴意义。

第一，粮食生产立足于自身，确保粮食安全。我国一直高度重视粮食安全，粮食安全处于较高的水平。但是，我国有十四亿人口，耕地面积相对较少，我国城市化仍在发展中，人民生活水平不断提高，这就导致粮食增产与人民不断提高的生活水平之间必然存在一定的矛盾。另外，气候变化、全球粮食危机、地缘政治风险，会导致粮食进口出现不确定性。激烈的国际竞争，再加之我国"大国小农"的状况，导致种田收益低，严重影响农民种粮的积极性。这些因素都是我国粮食安全的潜在威胁。我国粮食安全战略要确保耕地、良种、粮储。我国相关部门应对粮食储备、耕地数量等认真清查评估，切实掌握真实情况；要坚决确保耕地面积，不能以各种理由越过红线；要大力加强农田水利建设，改善耕地土壤。我国要加快探索社会主义市场经济条件下的农业规模经营。我国要大力发展农业科技，尤其是育种技术。我国在分子育种、遗传育种、生物育种等方面与国外存在较大差距，"2018 年中国农作物种子进口量为 7.27 万吨，进口额达 4.75亿美元（约合 32 亿元人民币）。过度依赖进口成为我国农业的软肋"①。我国还要加强种质资源保护，加强生物多样性保护，保证良种研发可持续发展。还有一点必须强调的是，随着粮食产量增加到一定程度，投资的收益就会变小，即使投入巨大，粮食也只能小幅度增产，因此，我国要在全社会倡导节约粮食。与以大幅度投入来增加粮食产量相比，这更简单易行。

第二，大力发展新能源，确保石油安全。

石油是现代工业和现代国民经济的物质基础。我国是全球最大的石油进口国，进口依赖度过高，达到 70% 左右，这是我国国家安全的重大隐患。我国要"以我为主"，坚定不移地构建石油安全体系。在国内，要加强石油勘探和开发，大力研发相关技术和机制，提高开采效率，加强石油战略储备，建立能源节约型社会，确保能应对突发

---

① 朱启臻：《打好种业翻身仗，确保农业安全》，《乡村振兴》2021 年第 3 期。

事件。在国际上，要进一步加强石油进口多样化，依托"一带一路"加强与相关国家合作，提升石油运输线安全度。作为全球最大的石油进口国，中国应积极与其他重要石油进口国构建石油消费国组织，提升国际石油领域的话语权、定价权。[①]

从未来发展趋势看，随着全球变暖和全球碳排放以及碳中和目标的提出，我国能源结构必须要进行多样化调整，大力发展可再生清洁能源。我国能源多样化已经取得了一定的进步，"截至 2019 年，中国水电、风电、太阳能发电的装机和核电在建规模连续多年稳居世界第一……在诸多可再生能源技术领域，中国已处在或接近世界科技前沿"[②]。在未来发展中，我国应以新能源汽车产业规模优势和市场优势为牵引，大力发展新能源，降低石油在能源结构中所占比例，实现石油安全。

第三，完善新型举国体制，加强关键核心技术自主创新。

西方跨国公司使用各种手段保持技术垄断，将发展中国家产业低端锁定，使其形成技术依赖。因此，重要产业的核心技术是买不到的，也无法依靠产业转移获得，必须依靠自己的力量来研发。核心技术不仅涉及价值链中的价值分配问题，还涉及国家安全。不管是规模多么庞大的企业，没有核心技术，就会受制于人。西方霸权国家一旦以核心技术作为制裁手段，相关产业就会陷入危机，进而危及国家安全。在新时代，在我国产业升级的关键时期，必须发挥国家的指导作用和市场功能，探索、完善新型举国体制，攻关核心科技。一要发挥国家科技政策和产业政策的传统主导优势，以国家力量进行重大科技

[①] 娄伟：《中国可再生能源技术的发展（1949—2019）》，《科技导报》2019 年第 37 期。

[②] 娄伟：《中国可再生能源技术的发展（1949—2019）》，《科技导报》2019 年第 37 期。

攻关；二要将国家指导和市场激励相结合，推进产学研一体化，激发科研创造力，推进核心技术研发；三要推动军工与民用相结合，以先进军工技术提升民用技术自主创新能力；四要在基础教育领域推动创新素质培养。

第四，重要产业的产业链关键环节向国内延伸，做好"战略备份"。

在建设时期，为了应对敌人突然发动战争摧毁我国东部沿海地区重要工业部门的风险，我国曾经把关键企业（或者独家工业企业）搬迁到内地，以此加强工业体系的安全。这一点在今天仍然具有启发意义。从美国发动对华贸易战、进行对华技术封锁可以看出，把中国驱赶出全球高技术产业链，已经成为美国的既定战略。当前，我国的一些战略性产业、新兴科技产业正在扩张产业链，如果说，在美国对中国发动贸易战之前，这些产业首先思考的是效率和效益问题，那么现在，它们则应以安全为前提思考效率问题，尤其是对于产业链的关键环节，必须做到自主可控。因此，我国产业应继续积极参与全球产业链，"但更多强调本地化、区域化和在关键链条中增强自主、可控力，让更多的产业链环节和终端留在或靠近本国市场"①。从长远来看，关键产业、关键环节，要在国内做好"战略备份"，保证在突发地缘政治风险时，我国工业体系和经济体系能够正常运行。

第五，留有余地，稳健推进全面建设社会主义现代化国家。

尊重经济规律，按照现实可能性进行建设，做好充足准备应对重大突发事件，这是我国建设时期增强国家自主能力的重要经验。冷战时期中国恪守的"既无外债，也无内债"的原则已经不适用于现在的

---

① 余永定：《改革开放历史进程下的中国经济循环》，《金融市场研究》2020 年第 9 期。

社会历史条件，在社会主义市场经济条件下，适度的财政赤字政策和适度的债务有利于经济发展。但是，在全面建设社会主义现代化强国的过程中，仍然要重视国际风险和国内的系统性风险。在现代经济中，过度的债务能够在短期推动经济快速增长，但同时会催生泡沫，形成系统性金融隐患，在泡沫达到一定程度时，突发事件会导致泡沫破裂。20 世纪 90 年代以来出现了各种国际金融危机，过度举债是其一个重要原因。另外，在地缘风险不断增加的情况下，我国应做到"对外援助、对外投资量力而行，避免陷入海外债务陷阱"[①]。留有余地，稳步推进，仍是我国现代化建设所遵循的基本原则。

第六，推动国际关系更加合理化、公正化。

中国已经成为有着全球性影响力的大国，中国的经济利益已经远远超出国界，因此，中国的独立自主，不仅要在国内深根固本，站稳脚跟，而且要走向世界。西方资本主义兴起以来，不管是殖民主义时期、帝国主义时期，还是二战以后，国际政治经济秩序都是以西方利益为中心的不平等、不公正的秩序。中国作为社会主义国家和最大的发展中国家，坚持独立自主，就要坚决成为全球治理体系的参与者、改革者和建设者，使其更加合理、更加公正，使其更符合发展中国家人民的利益，更符合全世界人民的利益。

第七，构建中国特色哲学社会科学。

2016 年 5 月 18 日，习近平在哲学社会科学工作座谈会上发表重要讲话，提出构建中国特色哲学社会科学。哲学社会科学是人们认识世界、改造世界的重要工具，是推动历史发展和社会进步的重要力

[①] 余永定：《改革开放历史进程下的中国经济循环》，《金融市场研究》2020 年第 9 期。

量，其发展水平反映了一个民族的思维能力、精神品格、文明素质，体现了一个国家的综合国力和国际竞争力。在现代化进程中，最发达的现代化国家，会产生最有影响力的社会科学。比如，英国资本主义发展最早，其古典政治经济学也最有影响力。随着德国现代化进程的开启，德国形成了带有自己风格的历史学派，与英国经济学派展开论战。第二次世界大战后，美国成为资本主义头号强国，美国的社会科学开始发挥世界性影响。

有一点必须看到，社会科学与自然科学不同。自然科学是普遍的，而社会科学的普遍性却受到各种条件限制。这是因为，人类社会有制度和文化，这种制度和文化会内化为人的习惯，人按照习惯进行实践，解决自己的问题，实现自己的目标。人类社会的秩序和规律都是通过人在一定制度和文化中的活动表现出来。在不同的历史发展阶段，社会处于不同的制度和文化中，社会的秩序和规律就会不同。在相同的历史发展阶段，不同的地理环境、不同的民族文化、不同的社会制度、在全球经济政治中不同的地位，也会影响社会规律。

西方发达资本主义的社会科学强调普遍性，自觉地将西方的历史作为普遍历史，将它们的经济、政治制度作为"普世的制度"，把符合其国家利益的特定条件下的规律作为"普遍的规律"。一个国家如果缺乏文化自觉和文化自信，就会不自觉地接受西方社会科学中的西方中心主义，落入其思想陷阱。

改革开放以来，中国根据国情，根据自己面临的问题和具体条件，探索自己的路，取得了举世瞩目的成就。但是，中国哲学社会科学的发展却较多地受制于西方话语体系，受制于西方文化霸权。中国发展历程中的中国经验为中国社会科学积累了丰富的材料，中国特色社会主义新时代为中国哲学社会科学提出了新的使命。中国学者要坚定文化自信，走出西方社会科学中的思想陷阱，立足于中国发展的实际需要，归纳中国经验，批判吸收西方社会科学中的养料，构建中国特色社会科学。中国特色社会主义新时代的伟大历程，也一定会产生中国特色哲学社会科学。

总之，新时代独立自主发展战略，不是要孤立封闭，不是以国内大循环为主，也不等于忽视外部市场。这是因为，在社会主义市场经济条件下，经济的发展、企业的规模、技术创新的动力都依赖于市场的规模，忽视国际市场，将把中国经济体系限制在一定的范围内，将把发展限制在一定的空间内，在短时期内，它会提高中国经济的安全，但是，长此以往，规模限制将使中国经济丧失活力。在新时代坚持独立自主发展战略，是坚持底线思维，把国家安全和经济效率有机结合，是把站稳脚跟和积极进取相结合，在畅通国内市场时，积极发展国际市场，使二者相互促进，使中国成为自主的具有高水平开放经济体系的社会主义现代化强国。